性格色彩单身宝典

乐嘉 著

中国华侨出版社
·北京·

果麦文化 出品

序：落花人独立，微雨燕双飞

这是一本写给女子的书，写给那些想要爱情的女子。

本书起源，可回到2005年。那时，我应邀为某交友网站做相亲活动的性格分析，被一群群痴男怨女包围，把脉性格，配对问诊，回来后，感触良多，赶紧下笔，想着从性格的角度剖析单身，角度刁钻，前无古人，于是，胸中燃起熊熊火。写着写着，一连三天，不吃不喝，回忆起自己和前女友的恩怨情仇，血脉偾张，势如破竹，居然弄出三万字的手稿。

没多久，"剩女"一词横空出世，遍布大江南北，愈演愈烈，江湖泛滥，举国关注。后来，我因为专注于《性格色彩原理》，此话题，暂搁一旁。

2015年，出版商找到我，说每逢周末，爷叔爷娘都聚在人民公园方圆三里，黑压压一片，那个场面，密集恐惧症患者放眼就倒。这些老人高举海报，怀揣五花八门的证书，划着只有他们自己才能看得懂的指法，努力推销着自家的儿女，这种盛况，百年难遇，乐老师您当年不就是因为相亲节目才红遍大江南北吗？怎能狠心见死不救啊？若为解救单身的姐妹们出点绵薄之力，必然胜造七级浮屠啊。

出版商从宏观到微观一忽悠，刺激得我虚荣心爆棚，激荡起昔日豪迈，想起手边刚好存有这绝世珍宝，只需稍事修改，用不着多少精

i

力，便可付梓，于是，欣然允诺。却不知，这下，掉到大坑里，把我害惨了。

照我原来单纯的想法，当年的宝贝文章，已把各种性格的女子都分析得淋漓尽致，每种性格为啥单身，为啥不婚，心里想啥，肚里要啥，精骛八极，鞭辟入里。可当我重新拾掇准备开工时，才发现，比我想象远远要艰巨得多。

随便举个例子，当年我一直觉得，只要是在外打拼抛头露面的女强人，全是黄色性格，刚得不行，你狠我更狠，你硬我更硬，巾帼不让须眉。但十年后，才发现完全错了，失之毫厘，谬以千里。

真正内心强硬的女性，是黄色性格，并不愿让别人觉得自己是"女强人"，宁愿以柔弱扮相迷惑对手，再凶猛的爱情，也破不了她的冷静和理性。

而生怕别人不知道自己是"女汉子"的，是"红＋黄"性格，不过是刀子嘴豆腐心的纸老虎，一旦爱情触碰到心底那根弦，冰山融化，其摧枯拉朽之爱，毫无理性可言。两种不同性格的女子，貌似雷同，事业上风格无差，但真正面对情感的行为、和男人冲突的模式、解决问题所需的方法、走出各自死穴的路径，完全不可同日而语。

这些，在我刚开始研究性格色彩时，解读尚浅，如今，二十二年了，半生都在捣鼓这事，课讲多了，人见多了，事听多了，终得一丝明悟。

这是一本写给男人的书，写给想读懂女子的男人。

2015 年《写给单身的你》出版后，我收到很多读者来信，不乏男性，其中一封，印象深刻。

两人大学相恋，毕业后，留学英伦两年半。同家餐馆打工，一个外卖，一个端盘，每天二十四小时，上学下学，卖饭送饭，床前月下，如胶似漆。回国后，各自工作，女友习惯了国外寸步不离的生活后，对男友经常出差孰不可忍。火山大爆发，源于男生第一次单独负责项目，要出差十五天，女生无法理解，要求与君行，激烈争执后，男生负气，绝尘而去，女生不依不饶，一连跟飞了四座城市，男生觉得此女疯了，不可理喻，赶紧远离，打死不见。

半月后，男生突然致电女友，主动求见道歉：终于明白，你的依赖，不是不信任我，而是爱我，今后定当更有耐心，给你更多安全感。

女友喜极而泣，幸福，太，太突然了吧，一点准备都没有。自己都做好了分手后人间消失的剧本，连怎样优雅告别的方式才能让男人一辈子后悔，都寻思了几个版本，没想到，居然都用不到了，好失落啊。

两人重归于好，女友方知自己给男生沉重的爱的窒息。两人来信，是想告诉我男生基因突变的秘密。

原来，男友机场随手买了书，看到里面"无限依赖"的文章，对号入座，发现书中所述，字字句句，戳心挖肉，和自己那个强吸八爪鱼似的女友一模一样。难怪，"女友所想"和"自己猜想"，分处两个世界，瞬间，茅塞顿开，分明奇福至，寻觅多年，终解女人心，找到相处法。

信中有段女生写的话："好的爱情，是融合而不是征服、是自持的相处，而非忘我的投入。在爱与被爱之外，还有自爱——须知一个人的魅力来自完整的个性、丰富的人生以及不断的变化与进步。我们现在很好，真的感谢您。"

因此，对想知道怎样追女孩的男人，想进入你中意姑娘的内心，你需要知道她们是谁，她们在想些什么。这本书，就是你读懂那些女子的宝典。

古往今来，物是人非，天地间，唯爱情不老，这本《性格色彩单身宝典》，是当年《写给单身的你》的革故鼎新版，也是"性格色彩情感三部曲"的第一部。

本书中，我将普天之下所有单身之人无爱的困惑和得爱的方法，提炼出十八问，分别归入**"受伤的单身、梦幻的单身、耽误的单身、折翼的单身"**四大类，读者诸君，只需按图索骥，即可忘机心，得真意，探本溯源，对症下药。

现如今，脆弱无助的人们，喜欢用柔软的文字和疗愈的灵修温暖自己，看起来，我的文字并没有这样的功效，难免读时酥麻，有时带有刺痛。盖因，"总是安慰，很少缓解，从不治愈"的风格，我向来敬而远之；而当头棒喝，相比春风拂面，的确少了昙花一现的热气，可若在"授人以鱼"和"授人以渔"中，只能择一，我必然会毫不犹豫地选择后者。

过去这些年，"剩女"这个对单身女性极度不友好且带有歧视的词，在各路媒体上横冲直撞，连带着，不少有文化有思想的女性，对"单身"这个词也神经紧张，超乎寻常地敏感和反弹，一听别人说自己"单身"，就拉下面孔，像刺猬一般，进入防御状态，呸呸呸，你全家都单身……好尴尬！

须知，一个人，也可以活得很精彩。

对芸芸众生而言，婚姻和孩子，也许就是普通人增加对抗平凡生活的勇气；如果你本自具足，乐在其中，并不在意周围的眼光和评价，能为自己的人生负责，你的生活也完全无须借助他人……单身，就是一种力量，也可以是一种幸福。更何况，相比貌合神离的婚姻，单身，那简直是自由的天堂。故此，是否进入婚姻，是每个人的自由选择。精彩的单身，孤独不失丰盛，质感不失自我，没有相当的本事，也无福消受。

时代总是螺旋式地上升，用不了几年，说不定，人们听到"单身女子"二字，瞬间联想到，是英国皇室在林荫密布的草坪上遛马的高贵画面，哇喔，好高级。

令人遗憾的是，我见过所有食指朝天发着毒誓要单身一辈子的女性朋友，要么是说狠话给别人听，要么是断后路给自己看，本质上，心中无比渴望爱情，但因为对未来的种种不确定，索性先昭告天下自己不婚。这当中，有些人心里的小九九是，若有良人，从了也无妨，只要对外宣布"我遇见真爱啦"就好；更多的人，其实只是为了给自己壮胆打气，内心深处，模模糊糊，未来看不透，一场梦无痕，其实，压根不知道自己到底要的是什么。

这本书，最重要的功能，就是帮你看透自己的内心，厘清自己到底要的是什么。

一言以蔽之：

这书，写给情场曾经迷茫的你；

这书，写给情路正在困惑的你；

这书，写给真想看清自己的你；

这书，写给想看清真自己的你。

自打做《非诚勿扰》始，世人就给我贴上"情感专家"的标签，随后，网上出现无数打着我名义的鸡汤，诸如"乐嘉送给所有女人的肺腑之言"，那些话，没一句是我说的，观点与我背道而驰。

可惜，现代人只看标题，很少动脑，就连朋友圈中对我不了解的朋友，为了帮我，一看就转。

在拙著《本色》中，对此我早已声明。无奈，网络时代，李鬼张口就来，世人吃瓜旁观看戏，"清者自清"成为一种奢望，结果以讹传讹，众生真假难辨。就好比本人婚姻，此生迄今只结过一次离过一次，可依旧被正义人士厉声质疑："网上说你结离三次，你怎么可能只有一次？就你这情感，自己都过得一塌糊涂，还有脸跟别人讲婚恋？！"

这套书出版，令我腰直，放声天下："吾之情感拙见，尽在《性格色彩单身宝典》《性格色彩恋爱宝典》《性格色彩婚姻宝典》的情感三部曲中。"

若你凭借此书，灵感涌动，洞悉所要，破单身枷锁，往日苦，瞬通达，跳出纠结外，不在消沉中。当及时勉励，读《性格色彩恋爱宝典》，迅即，陌路相望，犹似身旁，他成你翼，共度朝夕。

若你凭借此书，相由心生，境由心造，走在马路边，桃花运，滚滚来，须臾别单身，醉迷相思中。知时不我待，阅《性格色彩婚姻宝典》，不久，得成比目，恩爱不疑，金玉良缘，鸾凤和鸣。

愿本书一翻，数语惊醒梦中你，助君顿悟心源，入道空明之境。

在你单身的每一天，落花时人可独立，微雨时有燕双飞。

欲知自己性格

拿起书签扫码

开启卡牌测试

领取你的色彩

目录

第一篇

不同性格的
情感画像

01

红色性格的情感画像

> 红色性格最有孩童心态。追求快乐是他们寻找伴侣的第一需求，在没有任何困难或麻烦发生时，他们乐天且无忧无虑，善于给自己找乐子。当人生遇到挫折打击时，红色性格会想找一个可以倾诉和安慰自己的伴侣，从情感的交流和共鸣中得到解脱。

♣　红色的心情和表情富于变化，容易因为小事不开心，也容易因为小事开心得像个孩子。多数时候，红色活泼快乐，这源于他们的乐观，大龄单身的红色女性，偶尔被提到自己的年龄时，可能会有短暂的不开心，但很快会忘掉。红色擅长发现生活中的乐趣，一家新开的超市，一份意外的生日礼物，都可让他们从烦恼中迅速解脱。因为情绪多变，红色是最容易换社交媒体头像和网络签名的，他们的心情可能经常通过不断变换的方式来表达，都是因为情绪起伏和内心渴求关注。"秀恩爱"多是藏不住自己喜怒哀乐的红色干出来的事，"剁手族"和"拖延症"也是红色居多。

♣　红色渴望拥有不受限制的完全自由，最好能没有任何压力，想去哪儿去哪儿，也不用为他人负任何责任。有钱且有闲的红色，最容易成为早上还在办公室上班，下午就飞到伦敦喂鸽子的那种人。工作收入还不错但较忙碌的红色，几乎都有过"开咖啡馆或民宿"的梦想，渴望成为小店主，其实，只是为了享受那份自由和闲适。有些红色不愿脱离单身生活，也是因为离不开那份不羁和自由，不想受到家庭生活的束缚。

♣ 红色容易接受新鲜事物，兴趣和爱好广泛，难免三天打鱼两天晒网。红色喜欢体验，容易成为第一个吃螃蟹的人，无论是最新流行的电子产品，还是异域流传的奇特美食，都勇于尝试，且喜欢拉帮结派成群前往。红色喜欢分享，当他们品尝到一道美味，或买了件称心如意的衣服，会忍不住把它拍照发到网上，或赶紧告诉自己的好友"快来买吧"，其实，其他人买不买对红色没啥实质意义，但他们是那么具有分享精神，喜欢把好东西分享给别人。

自我形象

红色性格内心，希望自己是世界注意力的中心，艳惊四座，光芒万丈，在人群中引得无数英雄美人竞折腰。当然，这种自我形象，到何种程度，受限于此人受教育的程度和对外部的认知程度。但无论是哪种环境下成长的红色性格，对形象受损都相当敏感且无比介怀，他们非常在意别人对自己的评价。

♣ 红色是乐观的理想主义者。当用性格色彩卡牌自我测试"理想的自己"牌型时，那些摆出来是红色、蓝色、黄色、绿色四色均衡且全是优点的情况，几乎都是红色所为。因为红色想象力无限驰骋，他们认为世间所有的好东西都可为自己所拥有，而他们想要的，就是无限美好的过程，至于最终结果去向何方，并非首要选择。

♣ 红色有"照镜子情结"，容貌不错的红色，更是在意自己的形象。红色喜欢精心装扮自己，在人多的场合出现，并且常用"回头率"来衡量自己一天的"快乐指数"。当红色取得成绩时，如果不能"衣锦还乡"，那种"锦衣夜行"的感觉，会让红色非常不爽。而他们展示的途径有很多，就像在朋友圈玩命更新透露自己生活现状的，多数是红色。

♣　当红色受到打击、挫折，对自我产生怀疑时，会像泄了气的皮球，瞬间低落或沮丧，甚至走向抑郁。这时，如果身边有足够多的人打气"你真的很好"，就能把他的自我认可感一点一点吹起来，从而暂时拯救这个红色。长远的自救，需要红色踏踏实实地实现目标，建立坚实的自信，树立真实而美好的自我形象。

沟通特点

红色性格善用语言引起别人关注，无论是上课主动举手发言，还是工作中积极提出创意，或是生活中逗朋友们发笑，都是他们的特长。当然，由于职业、年龄、阅历的不同，有些红色性格在工作场合的语言表达，会刻意内敛和控制，一旦在非工作场合，当他们确定自己受欢迎，天性中的丰富表现力很容易被激活，语言也会变得生动。

♣　红色不喜欢冷场，无论是聚在一起八卦聊天，还是谈论新买的物件、刚去的餐馆、对某事的看法等，红色往往是主动发起话题的一方，他们更愿意把自己的看法毫无保留地表达出来。如果对方是一个忠实的倾听者，认真地聆听和不断点头认可，都会让他们感到相当享受。

♣　跟红色聊天，他们的话题会不断跳跃，极为发散。比如，相亲时，最有可能问出奇怪问题的当数红色。他们本来心里想的是恭维对方，说出来的话却让对方极不舒服。这种跳跃思维，伴随着红色有时的口无遮拦，很容易不小心出口伤人。

♣　红色说的话，蕴含了丰富的情绪，同样，他们更喜欢听到富有情感的表达。鸡汤常说"家是讲爱的地方，不是讲理的地方"，其实，这话主要对红色有效。沉醉于伴侣甜言蜜语的，是红色，擅长用说话示爱的，也是红色。一对红色的单身男女，在对彼此不了解的情况下，情感迅速升温，往往是因为一见如故，滔滔不绝地聊了几小时，这对于内敛的蓝色和果决的黄色而言，既不能接受，也不能理解。

作为朋友

朋友，对红色性格而言，不可缺少。武侠小说中的主角，大多是红色性格，武侠小说很好地刻画了红色性格侠客重视友情的一面。当爱情与友情发生两难时，红色性格会非常纠结。如果被朋友们评价为"不够朋友"，红色性格会感到难以忍受，他们希望自己在朋友心目中，是仗义的、豪爽的、热情的，这构成了他们生命价值的一部分。

♣　红色不喜欢寂寞，他们对友情的需求很强烈，而且希望拥有很多好朋友，但并不代表友情可以替代爱情。这里，不得不谈到红色的倾诉欲很强。假如他们心情不好，想找人倾诉，打开手机通信录，发现找不到可倾诉的人，那会让他们无比悲哀和沮丧。同样，当他们开心时，也需要朋友来分享，这会让他们更加快乐。

♣　红色乐于结交新朋友，他们崇尚倾盖如故的人际关系，从第一次见面起，只要投缘，友情便会火速升温。他们追求一种形影不离、无话不谈的关系，红色女人会结伴上厕所，红色男人会扎堆一起抽烟，其实，这都是红色内心害怕寂寞的表现。

♣　红色信任朋友，当自己有快乐的事时，总想和朋友分享，却忽略了有时分享会带来意想不到的风险。一位红色口无遮拦地给自己的好友发信息："嘿，我搞定了一个妞，是我们以前的大学校花。"但不巧，这位校花女友是蓝色，之后，无意中发现了这条聊天记录，以此得出结论：此男轻浮。于是，提出分手。

作为家人

除非从小被家人抛弃冷落或成长在长期剧烈冲突的家庭，大多红色性格是恋家的。家对于红色性格而言，是一个温暖的避风港，也是可以放下防备，随意和任性做自己的地方。很多红色性格对外人有礼貌或保持分寸，回到家里，就变成了另外一个人，这是因为家让他们感到放松，所以，性格中的情绪化、随意、杂乱无章的问题也更容易显现。红色性格渴望与家人亲密无间，得到家人无条件的关注和认可，如果得不到，就会情绪动荡，家庭关系也会不和谐。

♣ 与家人的关系会严重影响到红色的恋爱与婚姻。有些红色会因为童年缺爱或受到家人伤害，从而对爱情产生不信任感。一位红色学员在课上提出的问题是："如何知道家人是不是爱我？"因为她有一对严厉而冷漠的父母，从小到大，她在情感中有强烈的不安全感。当她成年结婚后，她与丈夫的关系始终有隔膜。性格色彩课程帮助她重新建立了与父母的连接。课程结束后，红色学员给丈夫发了一条深情的短信，她真心体会到丈夫多年以来对自己的爱与包容。

♣ 当家人反对时，红色会处在亲情和爱情之间的两难状态。骨子里，红色渴望自由而快乐地选择自己所爱，但实际上，相当多的红色受到家里人的意见影响，很容易与恋人的关系出现问题，这与红色容易受到他人评价和影响的性格特点，息息有关。

♣ 红色成家后，对自己组建的家庭不吝付出情感，也期望得到充足的情感回应。一家人相互关心、频繁交流是红色希望看到的幸福家庭的画面。一般来说，红色对繁杂的家庭事务感到厌倦，但如果家人间能边交流情感，边一起承担家务，红色会感到无比幸福。

02　蓝色性格的情感画像

蓝色性格符合中国传统文化的要求——含蓄、内敛、情感深沉。蓝色性格具有完美主义倾向，容易陷入柏拉图式爱情。精神层面的默契和相互理解，是蓝色性格最重要的情感需求。当感情受挫时，蓝色性格会长时间自我封闭，思索和沉淀属于自己的忧伤。

■　蓝色拥有一丝不苟的精致外表和理智的情感表达方式，生活在自己的世界里，外人很难走进蓝色的内心。无论年龄大小，蓝色都有一份超乎同龄人的沉静，极少会出现肥胖或邋遢，这与自我要求极高有关。由于对己和对人的要求都很高，常常不易为人所理解。蓝色内心深处渴望灵魂共鸣和相处默契，却始终难以达到。

■　蓝色注重逻辑、道理和规则，认为凡事都有"应该"，内心坚守原则，底线毫不动摇。类似"女人都是不讲道理的"这种话，在蓝色女子面前，毫无生存空间。蓝色女子比某些其他性格的男人更注重道理和规则，这点在她们与男人相处时，会让男人感到惊讶。要改变蓝色的想法极为困难，因为他们不会在不经考虑的情况下贸然提议，当蓝色提出时，已经很难撼动。假如受到伤害，并且没有得到合理的解释，蓝色会记很久。

■　蓝色追求完美，这不仅仅是口头上说说而已，而是实际的践行者。蓝色考虑问题仔细而周全，容易产生消极的负面思维。他们容易放大隐患和风险，在涉足任何事情之前，会做最坏打算和全面考虑。

■ 在大众心目中，蓝色最专一，这是因为蓝色进入情感和从情感中拔出的速度，是四种性格中最慢的，加之蓝色生活圈子比较固定，容易沉溺于对往事的追忆，走向负面消沉。故此，蓝色在四种性格中，最不容易开始迎接新的生活。

自我形象

如果说红色性格的自我形象是光芒万丈的王子或公主，蓝色性格则是口不能言的美人鱼。美人鱼拥有细腻的柔情和忠诚的臂膀（正是这副臂膀将王子从惊涛骇浪中救起来），却不善表达，只能眼睁睁看着爱人被另一个女人夺走。蓝色性格始终认为，外在的东西无比肤浅，所以，即便一位颜值颇高的蓝色性格，在你赞美其外貌时，也不会太过在意，因为从这样的赞美中，觉察不出你的真心真意。蓝色性格不愿成为众人瞩目的焦点，更愿意沉浸在理智的自我反思中。

■ 蓝色是悲观的完美主义者。正因如此，他们认为真正的完美并不可得，也并不奢望自己能做到或接近完美。对他们来说，避免犯错是重要的，所以，他们时时会看到自己的不足，并在诸多并不尽如人意的选择中权衡出一个相对较好的，他们愿意被看作一个可信任的、有分析能力的参谋。

■ 蓝色并不奢望成为别人眼中的完人，认为这样有极大风险。蓝色更愿意相信人心难测，世界是复杂的，人也是复杂的，蓝色会在深入考察之后信任某人，但并不希望对方疯狂地欣赏和迷恋自己，只要蓝色所信任的人也信任自己，放在心上就足够了。

■ 当蓝色发现自己犯错时，他们会问自己"为什么"，并试图通过深入的追问和反思，找出隐患，避免将来再犯。如果无法做到自己认为正确的程度，蓝色会对自己感到失望，并逐渐消沉。这时如果想要帮助蓝色走出困境，一味地说"你很好"，只会雪上加霜；如果你想帮助蓝色，你只有就事论事、找到问题的根源，才能让他们找到出路，重见天日。

沟通特点

如果有需要，蓝色性格也可做到侃侃而谈，但蓝色性格内心更享受无须过多语言的交流方式，这会带来"只可意会，不可言传"的舒畅感。蓝色性格内心最深处认为，假如我要了解一个人，我会观其行；假如我希望传达一种意思给别人，也会用行动，别人理解了，自然就明白了，根本不必多说什么话。可惜，当对方是其他性格时，往往会一头雾水，觉得跟蓝色性格沟通无比困难，因为蓝色性格什么都放在心里，并且很郁闷："我都这么明显了，还不明白吗？难道不会用心感受吗？"

■ 蓝色不擅长直接说出自己的需求，习惯于婉转表达，并认为对方一定心知肚明，很多时候，干脆不表达。过生日的时候，蓝色会给重视的人送一件早就留意到对方喜欢的礼物（也许是路过橱窗时人家多看的几秒，也许是人家在微信中提过的一嘴），总之，他们认为，假如你认真聆听一个人，就一定会参透对方话语中委婉的玄机。所以，当对方没理解自己的意思时，蓝色会失望，并把负面情绪深埋在心底。在《越狱》中，蓝色的迈克尔对萨拉的示爱，非常含蓄，两人一起经历生死磨难，但他对她只说了一句："You and me, it's real."（我和你，是真的。）如此简短，胜过千言万语。

■ 蓝色逻辑性很强，这种逻辑性并非来自刻意的后天训练，而是与生俱来。强大的逻辑推理，让蓝色看起来比较难对付。比如，两人约会时，假如对方迟到，在关系还不亲近的情况下，蓝色不会轻易表露自己的情绪，多半会闷闷不乐，让对方自己去想哪里出了问题；而当婚后，如果对方迟到，则可能问很多问题，为什么迟到？之前为何没预留堵车时间？……其实，蓝色的本意只是想通过逻辑来搞清事实，以免对方日后继续犯同样的错，但对方却可能视之为"质疑"。在逻辑的背后，蓝色认为凡事都有理由，本能地探寻事件背后的真相，但是，在爱情中，这会成为一种阻碍——毕竟跟"福尔摩斯"生活在一起，很累。

■ 当你与蓝色缔结了亲密关系后，蓝色的关怀无微不至，而且润物细无声。蓝色的细腻关怀不会对大多数人开放，但对至亲至爱，他们可以做到难以想象的体贴。口渴时，你还没说渴，蓝色已经恰到好处地递上一杯水，你都不知道他们是怎么知道你渴的。与蓝色相比，红色再怎么小心和细心都比不上。比如，一位红色丈夫每次给孩子冲奶粉，蓝色妻子都会委婉地提醒他"烫了"或"凉了"，因为他很想做好，所以即使妻子不满意，他还是努力一次又一次地尝试。尽管他一次比一次小心在意，却始终无法做到蓝色妻子所要的"刚刚好"的温度，最后，他只好放弃，让妻子来做，内心感到无比沮丧。蓝色的细腻和细致，可能会让身边的人产生距离感和疏远感。

作为朋友

蓝色性格朋友不多，但凡能被蓝色性格列入"朋友"名单，都是极其知心和信任的人。蓝色性格宁可少一些朋友，也不愿拥有很多朋友。蓝色性格会为了维护一段"完美"的友情，不惜牺牲小的利益或对一些小事表面不计较，但当你伤害到大利益的时候，蓝色性格通常会不计后果地与你绝交。蓝色性格不会跟某人特别亲近，也不会跟某人特别疏远。对于人际交往，蓝色性格更多看到风险，而不像红色性格那样恣意地享受其乐趣。

■ 蓝色把"朋友"这两个字看得很重，对轻易示好的人，首先会怀疑："为何他对我这么好？是否我身上有东西可以满足他？如果我不能同等地回报，宁可不要欠下这样的人情。"经过多次的观察、试探和侧面了解，信任建立，蓝色才会逐渐确认这个人是朋友。

■ 一旦为友，蓝色会将内心深层的东西一点点掏出来与对方交流，但即便如此，也依然不是全部。蓝色内心最底部的东西，永远也不会示人。蓝色不像红色那样，享受跟人掏心挖肺的感觉。只有与对方越熟，关系才会越好，话才会相应越多。其实，蓝色也可侃侃而谈，前提是百分之百确定对方可以信任，并且对自己讲的内容有足够的把握。但是，关系不熟的人会觉得蓝色是闷葫芦。所以，请不要说你走不进蓝色的内心，其实，只是你们还没有那么熟而已。

■ 蓝色对朋友忠诚，他们不是图新鲜的人，对自我的戒律很强，不易受到外界诱惑。背叛对于蓝色而言，既意味着自我原则的毁灭，也是一种极大的风险。蓝色相信时间可以证明一切，假如暂时无法确定对方的真诚，那就用"时间"作为最好的判别方法，在漫长的岁月里，去慢慢体会和观察。假如已经成为相互信任的好友，那这份友情也经得起岁月考验。

作为家人

蓝色性格对家人的爱，体现在"无声胜有声"的涓涓细流一般的行动之中。重视规则的蓝色性格，认为"家不仅是讲爱的地方，也是讲理的地方"。没有规矩，不成方圆，蓝色性格是家庭秩序的维护者，为全家人提供坚实的后盾和精打细算的安排。

■ 蓝色重视家庭隐私，即便家人之间出现矛盾纷争，也不会让外人知道。保护家人隐私，维持一定程度上的隐秘性，对蓝色无比重要。在保守秘密方面，天性深沉内敛的蓝色，的确可以做到守口如瓶，喜怒不形于色。

■ 蓝色很难适应吵吵闹闹的气氛，更希望家人之间无须说太多，彼此都有思想上的默契和行动上的一致性，即便为了家人而彼此付出和牺牲，也是理所当然，无须言明。

■ 成家以后，蓝色对待伴侣的方式和对待父母的方式十分相似。作为"主内"的高手，蓝色关注细节而且体贴，会给予伴侣温暖的家庭氛围和强大的安全感。

03 黄色性格的情感画像

黄色性格的人生是一场只准赢不许输的竞赛，他们不畏战斗，不惧败绩，不怨天尤人，不以弱者和伤者自居，强是应该的，赢是必需的，输是努力不够，从头再来，永不言败。别人时常会误解黄色性格是"无情人"，其实，黄色性格的情感是用做事的方式来表达的，他们排斥那些只会说好话的人。黄色性格认为：情感是虚无缥缈的，为你做事，带来实际的好处，才是为你好的最好方式。

▲ 拥有成就才算收获生命的意义。不单单是黄色男人沉迷工作，黄色女人也常常被人贴上"女强人"的标签，但她们并没觉得"强"会成为择偶的绊脚石，反会认为，只有自己优秀，才能遇到更优秀的男人，正所谓"你是谁，才能遇见谁"。当你看到黄色整日整夜加班，栉风沐雨，筚路蓝缕，为他们的苦哈哈大叫不值的时候，黄色自己却乐在其中。黄色是四种性格中最容易成为领袖的一类人，他们认为金鳞岂是池中物，所以一直憋足了劲儿，就等着化龙的那一天。

▲ 速度与激情，时间与效率，都是黄色的兴奋点。黄色雷厉风行，思维清晰，如果有捷径可选，绝不绕路。黄色明知盘山公路的风景会更美，却无心观赏，争分夺秒飞驰在通往目的地的高速公路上。在快节奏的生活中，黄色不知寂寞是什么味道，因为压根连感受寂寞的时间都没有，上班没空闲，下班闲不住，非要安排得满满当当

才安心，恨不得把一分钟掰两半用。为了工作，黄色可以时刻调动激情，而工作的成就，就足以让黄色高潮。但这并非意味着黄色不需要伴侣，如果有一份能够彼此成就、共同探讨工作、一起进步的伴侣关系，对黄色来说，可谓天作之合。

▲ 黄色更想掌控别人，最恨别人掌控自己。黄色骨子里有改造和影响他人的欲望，多会以自己的观点，作为评判对错的唯一标准。通常，黄色认为自己是对的，一定会坚持；如果黄色发现你是错的，一定会让你改正过来，按照自己认为对的方式去做。对于情感关系，黄色认为"既然你是我亲密的人，我就有责任帮你变得更好"，很多时候，伴侣会受不了黄色的批判和改造欲，提出抗议，但黄色不会因此而退缩。

自我形象

> 黄色性格认为自己是生活中的强者。这种强，并非表面的强大或以气势压倒他人，更多的是一种不怒自威的压迫感。黄色性格凡事喜欢争先，有着与生俱来的超越别人的欲望，认为自己拥有改造外部世界的责任和使命。对黄色性格而言，没有做不到的事，只有不想做的事，骨子里认为自己是出色的，即便暂时无法施展抱负，也认为终有一天自己会出色。《红楼梦》中的贾雨村，就是典型的黄色性格，进京求取功名，无奈囊内空空，只得暂寄姑苏城葫芦庙安身，每日卖字为生。即便搁浅在沙滩上，他作的诗，依然是"玉在椟中求善价，钗于奁内待时飞"，也就是说，他毫不怀疑自己必将大展宏图。

▲ 黄色喜欢以干练高级的形象示人，有些黄色是时尚的，但多半会走简约的时尚路线，信奉"less is more"（少即是多）的真谛。也有些黄色，与时尚绝缘，穿着随意，但无论哪种情况，都不太

会以复杂多变的形象示人，因为那样，会浪费太多时间。对于有一定收入的黄色而言，商务装或运动装穿着较多，因为他们的工作时间很长，非工作时间也可能见客户谈合作，所以，穿商务装符合工作的要求，而运动装，能让他们在彻底放松休息的时候保持活力，可以快速行动不受限制。

▲ 黄色不太在意别人眼中的自己是多么漂亮或多么普通，除非影响到他们的目标。但有一点，黄色特别在意自己的权威感，会竭力消除一切有损自己权威感的缺点或污点。许多当老板的黄色，不愿聘用自家亲戚当员工，一旦聘用了，会对亲戚的要求比对他人更高，时刻警惕着亲戚的工作表现对自己的威严造成损害。譬如，一位创业三十年的黄色，妻子从未在他的公司任职过，即便偶尔去公司转悠，看看办公室和工作情况，他的神经也高度紧张，时刻警惕，不希望妻子在员工面前有任何危害到他权威的表现。

▲ 当黄色遇到比自己更加权威和更有影响力的人时，可瞬间放下身段，转而像绿色一样服从。黄色会暗暗积攒实力，直到自己可越过这座高山的那一天。当黄色遇挫时，骨子里认为"人定胜天"，真的遇到人力无法对抗的打击时，会在短暂消沉后，迅速找到另外的目标，只有为了目标而活着，黄色才觉得生命真正有意义。

沟通特点

黄色性格习惯的交流方式就像清冷的北欧风，所谓"有事启奏，无事退朝"，很难意识到不经意间已经把自己置于高高在上的位置，让人心生距离感。黄色性格不需要别人对自己喜欢，只需要别人对自己尊重。故此，黄色性格女子对外界赞美自己容貌不以为然，她们更希望别人欣赏和佩服自己的能力。

▲ 黄色说话做事最大的特点就是直截了当，希望直达重点内

容，省去中间繁杂的过程，只关心结果是好是坏。即使遇到跳跃思维的红色，黄色也不忘把话题拉回重点，始终关注对自己重要的内容。若有人做事讲话需要铺垫很久，黄色绝不会觉得此人含蓄，只会认为此人能力不足。时间和效率，于黄色而言，胜似金钱，这有时会显得急功近利。黄色的经典口头禅："说重点！""结果呢？！"这很能代表其内心的想法。

▲　即便是安慰朋友，黄色也时刻带有批评教育的语气。如果你一把鼻涕一把泪地跟黄色倾诉苦恼和悲痛，黄色一定会斥责"收起你的眼泪"！告诉你"哭解决不了任何问题"。黄色认为，哭是最无能的表现，然后，会指导你——让自己更强大才是解决问题的根本办法。如果某事让黄色很受伤，当你听他们描述时，你完全感觉不到他们有悲哀的情绪，黄色的讲述口吻是强者自强，一切往前看。不过，你要记住，黄色并非对任何人都祭起批判大旗，他们的批判，多半是因为看到了对方错误可能造成的后果，然后用"后果放大法"，让人们居安思危，因而在批评时，杀伤力较大。

▲　黄色如果让你感觉圆滑，那只是为了达成目标的交流技巧而已。为了给人们留下良好的印象，黄色完全可以学习蓝色的精益求精，也可以修炼红色在交际上的八面玲珑，更可以扮成绿色的懵懵懂懂。黄色为了达成目标，会卑躬屈膝，不怕牺牲，不怕付出，不怕得罪人，更不在意外界对自己的任何评价。

作为朋友

看似高冷的黄色性格也有很多朋友，不过大多是和自己一样对未来有抱负的男男女女，他们共进晚餐时谈论的话题，是当今世界经济与政治格局；喝下午茶时，也不忘对接项目，共同谋利；就连逛街时，也会本能地留意市场上最新的商机，否则，黄色性格会觉得今天路上的时间全部浪费了。

▲ 黄色喜欢沟通交流，不过那都是以能够有所收获为前提。黄色不闲聊，不八卦，很少说无关紧要的话，聊天内容从生活到工作，几乎都是乘风破浪勇往直前，偶尔，也会为了达到某种人际关系的熟络，故意说些客套恭维话。

▲ 黄色不像红色那样，什么朋友都愿意交。黄色会交往比自己优秀的朋友，即学习的榜样，极力奉行"近朱者赤"的经典理论。黄色为了和优秀的人为友，可以不在乎面子。即便是和朋友一起休闲或度假，也时刻不忘自己的目标，不会耽于享乐，如果朋友想要尽兴玩乐而忘记了时间，黄色会选择提前离去。

▲ 单身的黄色没有家庭羁绊，走得更快，由于自己忙于事业无暇顾及，那些跟不上黄色成长速度的朋友，会渐渐淡出他们的生活。黄色独自生活久了，更容易忽略他人感受，等他们觉察到朋友在自己的光环之下只剩下自卑和距离，那些朋友已经跟黄色少有来往。即使被孤立，也不能阻挡黄色在追逐成功的道路上加快步伐，继续孤军奋战，同时告诉自己，伟大的成功者注定一生与孤独为伍。

作为家人

黄色性格认为重视家人不等于整天都腻在一起，他们更喜欢各忙各的，人人充实，有需要时，守望相助，彼此支持。黄色性格对家人的爱，往往是通过为家人创造更好的生活条件来表达。很多其他性格会控诉，黄色性格在家人生病时不是陪伴左右，而是依旧在那儿埋头工作，而黄色性格则会出示自己为家人支付的长长的医药费单据，以此来证明自己努力工作的意义和价值。这恰恰就是不同性格对"爱"这个字在理解上的巨大差异。

▲ 黄色的理性让他们可以轻易地接受各种家庭形态：单亲、周末夫妻、婚生子女和非婚生子女的混合家庭、无性婚姻等。对黄色

来说，家庭的形式不是重点，重点在于家庭成员是否都勇于承担责任，当有大事发生时能否做到相互支持。对他们来说，家庭也是一个团队，而他们是当仁不让的领导。

▲ 黄色不会因为家庭而丧失自己的独立性，也不会因为家人的意见而改变自己的决定。与自己有关的，比如跟谁结婚、是否跳槽换工作等，固然由他们自己说了算；事实上，涉及家庭事务方面，只要他们有机会拍板，也会倾向于先做了决定，再告知其他家庭成员。

▲ 成家以后的黄色，倾向于和伴侣谈好分工，各自承担自己的一部分责任。同时，黄色与生俱来的改造欲，会让他们想不断引领伴侣向更好的方向发展，有时难免忽略对方的感受。

绿色性格的情感画像

绿色性格可以用"温良恭俭让"来形容，他们秉承低调的原则，无论男女，几乎不穿时尚前沿的衣服，主色调基本是大众色，永不过时的式样，绿色性格不追求回头率，远离标新立异，只愿做个平凡的路人。

● 绿色从不与人吵架，也杜绝发生冲突，争风吃醋的事更与他们绝缘。绿色给人一种温柔和让人愿意接近的感觉，有自己稳定的生活模式，无论钱多钱少，无论英俊还是普通，无论出众还是平凡，只会满足于自己所拥有的，无欲无求，从不羡慕别人。因为绿色从不与别人比较，自然也就不会嫉妒和抓狂。

● 绿色不会成为"霸道总裁"，也不会成为众人瞩目的"花蝴蝶"，容易配合和顺从。绿色在人堆里最不引人注目，从穿着打扮到为人处世，他们从不离经叛道，从不夸张表现自己，是存在感偏低的一类人，颇有路人甲之风。但是，绿色的幸福感并不低，因为本来就没有争强好胜的欲望，能真正做到百分之百地活在当下。

● 绿色和其他性格一样，也愿意拥有所有美好的事物，但假如没有，也不会造成丝毫影响，在所有性格中，绿色对欲望的渴求程度是最低的。在没有外力推动下，几乎不会更换没坏掉的个人物品，尽管流行一茬接着一茬，但绿色始终觉得"只要还能用，没必要换新的，太麻烦了"。

● 当别人都在谈论到哪儿旅行时，绿色并不挑剔去哪里，只要是朋友推荐的都可以，有时可能也会提一两个方案，但只要朋友否决了，绿色也就不争辩了。反正，去哪儿都一样，只要跟大家一起，玩得开心，去哪儿都行。

自我形象

> 绿色性格习惯于缩小自己的存在感，普普通通、平平淡淡就是最好，所以，发自内心地愿意成为一个普通人。这与其他三种性格完全不同！一位学员曾和我分享，她绿色性格的女儿，学习成绩班上中等，她总是拿成绩最好的人来刺激女儿："为什么你不能像谁谁谁那样，每次拿第一？"女儿的回答令她惊讶："妈妈，每个人都想拿第一，那总要有人排在后面，我就落在后面好了。看着他们优秀，我愿意做那个为他们鼓掌的人。"

● 绿色的自我要求不高，所以很少会去追逐时髦和流行，也不会是那个特立独行穿着古董的人。绿色喜欢选择大众而不出错的穿着，有些小小的温馨和温暖感，并且不会有太多变换，每到一个季节，来来去去就那么几件，也不会穿厌。黄色的衣着也比较简单，但和绿色的最大不同是：黄色会穿那些凸显自己身份地位的服饰，而绿色更希望无声无息于众人之中；黄色青睐干练紧凑的穿着，绿色喜欢柔软舒适甚至有些拖沓的穿着，给人亲切的感觉，其实绿色要的只是随意罢了。

● 绿色不太在意别人眼中自己的形象。即便有人提出让他们改变风格或注意形象，他们虚心接受之余，很可能屡教不改，因为他们只是表示接受别人的好意，而不代表真心觉得外表有多么重要。"你的形象价值百万"这句话，能呼唤起红色的亢奋和黄色的重视，却对绿色毫无效果。

● 绿色关注他人感受，但他们往往不像红色那样，会想去特意地提升别人对自己的好感，绿色只是尽量避免别人对自己有不好的感觉，这两者之间，是有着本质区别的。

● 万一周围的人都与绿色切断联系，把他们扔在一个自己无力解决问题、身边又没人可以求援的困境中，绿色会自我放弃，紧缩在一个更小的空间内苟延残喘，直到有能为他们指明方向的救星出现。

● 绿色理想的自我形象，是符合道家精髓的怡然自得、宠辱不惊，而绿色最糟糕的自我形象，是陷入困境中无力自拔的"可怜虫"。

沟通特点

绿色性格擅长被动沟通，可以一直倾听不打断你，等你主动诉说，而不去打探你不想说的事情。假如反过来，要求绿色性格在公众场合侃侃而谈，或让他们去为大家争取权益，他们就立即死机，因为他们几乎无法做到这些。

● 绿色常用"嗯、啊、哦"来回应别人说的话，假如你一定要问这几个字代表什么，很遗憾地告诉你一个悲催的答案，它们不代表任何意思。假如你以为绿色的"嗯"代表他们听懂了、他们会去做，那你就死定了，因为你的期待很可能会落空。绿色不知道该怎么拒绝别人，所以就用不带任何倾向的词语来表示回应，其实，他们内心根本没想要去做。

● 绿色的另两个高频词汇是"随便"和"无所谓"。当他们这样说的时候，代表真的没关系，你怎么决定都行，你怎么决定他们都不会不开心。这点，跟红色有所区别，红色口中的"随便"和"无所谓"只代表他们当下的情绪，随口说说，当情绪发生变化后，对待同一件事情，红色立刻就变成"有所谓"了，而绿色是真的无所谓。

● 绿色几乎从不给出负面评价，当别人一定要他们从两个东西中挑一个并做出反馈时，绿色会说"都挺好的"，实际上他们心里是有好恶的，只是没那么强烈，他们也不愿把倾向性表露出来，让别人为难，所以，绿色宁可采用含糊其词的说法。

作为朋友

> 绿色性格是其他性格的百搭伙伴，不论是想一出是一出的红色性格，还是沉默寡言的蓝色性格，甚至是孤家寡人的黄色性格，都会在某些时候需要绿色性格这样既省心又没任何要求的陪伴者。绿色性格，在生活中愿意被领导、被别人决定和引导，但假如没人陪，也可以很好地"自生自灭"，沿着熟悉的路径，过着两点一线的生活。

● 朋友失恋时，可以找到绿色痛哭一场，大大地倾诉一番。绿色边听边排毒，听完了，就像没事发生一样，绝对没有负能量残留。

● 一起去酒吧或热闹场所，假如带着一个打扮朴素的绿色同伴，往往能突出自己的潇洒靓丽，这样做，未免有点不厚道，但绿色确实发自内心不在乎充当别人的背景墙，暗淡自己，衬托他人。

● 无论什么时候，当其他人都因为忙自己的事情而缺席时，绿色随叫随到，让孤独的人感到温暖无比。虽然不擅长制造快乐，但他们绝不会给你带来痛苦和烦恼，更重要的是，绿色的耐心一级棒，陪你多长时间都不会觉得无聊。

● 上学时，作业做不完，绿色好友可以替你做；工作时，差事应付不来，绿色好友可以帮你查资料、写报告；相亲时，万一看不上对方，发个暗号，绿色好友会随时出现，替你抵挡花痴。绿色的随和、平和、温和，让他们变得无比贴心，交上这样的朋友，先不提能力，反正心理上什么事他们都愿意替你去做，且毫无怨言。

作为家人

绿色性格是常年宅在家中的"沙发土豆"。家有绿色性格，如有一宝。因为绿色性格不占地方，不和人发生冲突，堪称节能环保。如果家人有需要，只要不超过他们的能力范围，他们都愿意效劳。绿色性格孩子即便受到家长的严厉训斥或打骂，也不会离家出走。事实上，在家庭冲突或口角中，即便一开始，你对绿色性格发泄，没一会儿，你自己也就没劲了，因为一场没有对手的比赛是无法进行下去的。绿色性格会用懵懂无辜的眼神看着你，直到你体会到"一拳打在棉花上"的感觉，你自己会沮丧地收手的。

● 在家庭中，绿色总是竭力避免周围的人发生冲突。一位绿色学员告诉我，从小，他的爸妈就经常争吵，他妈总是指责他爸做不好一切事情，而一旦遭受指责，他爸就会情绪化，家里爆发一场大战。所以，这位绿色学员每当看见爸爸做得不够好时，就主动为他掩饰，譬如他用一个有缺口的杯子喝水多年，每当妈妈的目光投注过来，他就把缺口掩住，不喝水时，他把杯子小心地放在碗橱最里面，因为他知道一旦妈妈发现杯子有缺口，就会立即斥责爸爸洗杯子不小心。

● 绿色能为家人做的最好的事，就是尊重家人的一切决定，并配合家人去实现他们希望的目标。一位朋友告诉我，他曾经很恨他绿色的父亲，因为在高考填报志愿、是否出国、是否回国找工作，这几件关乎人生命运走向的大事上，每当他请求父亲给予意见，父亲总说："你自己选择，你选什么都可以，我都支持。"而他因为不懂如何选择，走了些弯路，但若干年后，遇到更多的事情，发现在某些其他家庭，因为父母执意要让孩子按照自己选择的路走，发生了很多不幸的事情，他才意识到绿色父亲对于自己的不干涉和无条件支持，是那么珍贵。

● 绿色成家后，容易在伴侣和父母间左右为难。因为绿色自己没有太多主观意识，觉得怎样都行，但只要伴侣和自己的父母都不是绿色，双方一旦产生冲突分歧，而绿色又无法做出决定支持哪一方，多数就会采用鸵鸟策略，希望通过"拖"字诀解决一切问题，而这必将会让家庭僵局更加难分难解。

第二篇

不同性格的单身观

01

红色性格的单身观

♣ 红色单身者，最在意自由，最害怕束缚；既渴望爱情，又害怕受伤；既想要家庭的温暖，又不想承担过大的责任。既想要与朋友一起开心的众乐乐，又想要二人世界的快乐，还不肯放弃单身无拘无束的快乐，当红色什么都想要的时候，结局就是——纠结。

♣ 红色单身者，最懂得"爱自己"。他们认为，既然没伴侣，也没人疼爱自己，那就好好享受单身吧。虽然单身，但红色不愿亏待自己，该吃吃，该玩玩，喜欢做什么，就做什么，在别人看来，活得自在而潇洒，让人羡慕；其实，夜深人静时，他们常会暗自嗟叹："周围皆是成双成对，唯独我是单身狗，命苦啊。"

♣ 红色单身者，离不开朋友。没有朋友的时候，太寂寞，夜夜难熬；但当有朋友的时候，他充满快乐，会以出挑的装扮、出位的言语或出色的搞气氛能力，获得大家关注。朋友对他们来说，是疗愈寂寞的解药，朋友圈是一个让他们得以展示魅力和获取存在感的舞台。

♣ 红色单身者，在穿衣打扮方面，追求时尚和新奇，在这点上，他们比同样性格已有伴侣的人更大胆、更随心所欲。其实，他们也在下意识地寻找能被自己魅力所虏获的异性。与此同时，红色内心深处的想法是，即便我不喜欢对方，我也希望尽可能多的人喜欢我，"被喜欢"是一种很棒的感觉，而红色为了追求感觉，可以付出常人难以想象的努力。

♣　红色单身者，若是喜欢美食，对新冒出来的美食网红餐厅容易抱有浓厚兴趣，没事就想着去打卡。为了吃顿电视里介绍过的美味，或为了打卡拍美照，宁可忍受排长队的，多是红色的单身者。当然，红色单身者很难一个人去餐厅，因为在意周围人的眼光，害怕孤独，不喜欢寂寞，所以，常见情形是，两个单身闺蜜结对去喝下午茶，尽情享受单身。

♣　红色单身者，对理想伴侣的要求各式各样。红色的想象天马行空，对理想伴侣最重要的幻想分为两大类：第一类，这个人要足够完美足够闪亮，要让所有人都羡慕，最好所有人都爱他，而他只爱我；第二类，这个人可以不高不帅不聪明不富贵，可以很普通平凡，但一定要超级爱我，非我不可，全世界的人他最爱我。

♣　红色单身者，进入现实后，多半会有幻灭感，只是有些很快接受现实，有些不能。能接受现实的红色，会在适当的年纪，找个折中的人嫁了——没那么优秀和完美，也没那么爱自己，就是相处起来还可以，把兴趣和热情转移到过日子和养儿育女上；不能接受现实的红色，要么一直遇不上自己幻想中的人，要么在恋爱时把对方想得过于完美，相处时间长了，就会非常失望，反复经历"甜蜜"到"幻灭"的过程，自己感觉人生悲催。

♣　红色大龄单身者，如果情感经历丰富，对过往恋情，往往会觉得每一个自己都是投入的，每一个都是难忘的回忆。只要动了真情，红色其实很难走出。但如果遇到下个动心的对象，转移和走出旧恋情的速度则较快。红色终其一生都在寻觅一种美好的感觉。

02

■　蓝色单身者，绝对死守宁缺毋滥的理念。他们认为，与其跟毫无默契的人有所瓜葛，终日扰攘，不如独善其身，乐得清静。他们看起来清高、孤僻，其实内心深处强烈地渴求一份感情，只是天性的悲观，容易封闭在自己的小天地，所以，看起来不好接近。

■　蓝色单身者，沉浸在内心世界，往往有自己长期持续的爱好和长期坚持的习惯，形成了自我运转的规律，旁人很难介入和打破。由于天性的悲观，蓝色常会自我设限，负面思维，告诉自己："我要做好独身一辈子的准备，遇到与我同频的人，得之我幸，失之我命。"这种宿命般坚定的感觉，坚持自己的标准，很不容易找到合适的人。

■　蓝色单身者，对家人十分注重，但在感情问题上与绿色完全不同，蓝色很难被家人影响。相反，他们的沉默和坚持，反让家人不知怎样下手劝说，最后演变成了家人的无奈，"算了，让他去吧，反正也搞不懂他在想什么"。蓝色执着于保持自己的内心独立，这种独立，源于他们什么都不说。但蓝色对家人的情感之深，不会因为恋爱或婚姻而有所转变，而是始终如一。

■　蓝色单身者，交友窄而深，知心好友很少，大多蓝色不像红色那样，喜欢跟好友常在一起酒肉穿肠过，有泪大家流，他们更崇尚十年不见，依然心有灵犀。蓝色所渴望的爱情，跟友情有相似之处，都希望不用通过太多言语就能够懂得彼此，患难与共，相濡以沫，所以，蓝色找友情跟找爱情，同样不易，一旦找到，蓝色无比珍惜。

■ 蓝色单身者，追求完美，喜欢研究，在乎细节。一个蓝色的单身者更容易花时间打理自己的外表及居所，他们不追求时髦，更不追求性感，而是希望在自己力所能及的范围内，尽量保持整洁与精致。蓝色往往是神游高手，看着优美风景地的图片或视频，身不能至，心向往之，真要出行，单身蓝色顾虑多多，未必能顺利成行。单身时，蓝色更愿做饭而非一个人去餐馆，一方面，自己做饭菜，油盐的比例可控，更能满足健康需求；另一方面，蓝色不会跟风去些网红餐厅，如果一定要一个人外出，首选可坐着看书的安静场所，更加私密、安静、不受打扰且可沉浸在精神世界里。

■ 蓝色单身者，终其一生都在寻找精神的默契交流。蓝色对理想伴侣的想象很美好。相较而言，在意颜值的红色，更喜欢具有视觉冲击力的伴侣，而同样在意外表的蓝色，更容易因为对方的声音或气味而沉迷。因为蓝色的细腻敏感，往往在还未到恋爱年纪时，已经描绘了对理想伴侣的画像，当遇到心仪的人，便用这个理想画像去对比，难免发现落差，收获失落，从而与对方擦肩而过。蓝色的难追，是因为人们很难破译他们的心灵密码。

■ 蓝色大龄单身者，对过往的情感经历，只要曾经深深地投入，要真正走出都比较难。很多蓝色，心底都有旧日恋情的痕迹，只是不形于色，连家人都看不出来。即便遇到了新的理想对象，由于过往经历的影响，蓝色也很难在短时间内接纳，心里会一直有个声音在说："我怎么知道新的这人不会像老的那人一样给我留下伤痕呢？"但也就是因为这种怀疑，蓝色很可能会跟合适的伴侣擦肩而过。

黄色性格的单身观

▲ 黄色单身者，有自己的目标和个人规划，他们很清楚地知道自己当下要的是什么，该和什么样的人在一起。要么，时机未到，先寄情于事业，要么，爱情和婚姻都不是他们的刚需。黄色单身者，最容易在职场闯出名堂，因为他们集中火力猛攻事业，想不成功也难。

▲ 黄色单身者，往往把自己的生活安排得如政要一般忙碌。学习、工作、社交（有目的地与有价值的人社交），忙个不停。他们认为，时间应该花在最重要的事情上，没有价值的约会，不如不约，只要自己成长了，变得越来越厉害，自然会有更多的资源和机会遇到更好的人。

▲ 黄色单身者，看重自我成长和自我价值，内心充满优越感，最有可能长期保持单身状态，他们对情感的需求度之低，有时会令红色和蓝色惊讶。绿色的情感需求度同样很低，两者的差别是：黄色更关注事而非感受，所以，会给身边人一种冷漠不近人情的感觉；绿色一切需求都偏低，很难嗨起来，达到爆点，所以，给身边人的感觉是不温不火。

▲ 黄色单身者，格外排斥无效社交。比如说，一些红色单身者喜欢参加的单身派对，黄色觉得是纯属浪费时间。如果要寻找伴侣，除非这个场合可以确定遇到很多与他们匹配的异性，让他们一次性筛选，否则，他们没兴趣去乱转和瞎碰。黄色一旦忙起来，连

朋友也顾不上——除非是可以洽谈合作的朋友，要是更忙些，黄色单身者连自己的身体也顾不上，更别说交朋友。

▲ 黄色单身者，根据场合选择服装，根据需求选择饮食，往往以吃饱肚子为关键目标，高级点的以营养和健康为主，但绝非美味追求者。黄色根据要办的事和要见的人选择目的地。一切依照理性，以目标为导向，不断追求想要的结果。由于黄色过于理性，他们的单身生活貌似单调，但他们自己却毫不厌烦，反而觉得自己没有浪费任何的时间，高效且充满活力。

▲ 黄色单身者，对娱乐和放松的看法是功能性的，也就是说，他们承认人有时候需要休息，休息就是休息，如果他们给自己二十分钟散步，那他们就会完成散步这个活动，并不像其他人想象的那样在休息时还拼命想事情——那往往是红色或蓝色高度焦虑的状态。不，黄色很清楚自己在干什么，正如他们清楚自己是否要结婚，何时结婚。如果他们觉得还未到择偶的时间，就会把这事完全放到一边，专注事业；如果他们觉得时机到了，遇到的这个人是自己想要的，便会全力以赴，追到了、尘埃落定了，他们的目标就又会瞬间转移到另一件事情上。

▲ 黄色单身者，对理想伴侣有明确画像，正如很多黄色在早年便想清楚了活着的意义，这辈子要和什么样的人长久一起，人生的追求是什么。除了少数决定单身一辈子的黄色以外，更多的黄色，选择先搞事业，积蓄力量，等功成名就后，再找伴侣。

▲ 黄色大龄单身者，其中有相当一部分是不婚主义者，他们或者全心沉浸于事业不想结婚，或者经历过不满意的婚姻离了婚，断定自己不适合结婚，所以成为更坚定的不婚主义者。总的来说，黄色对于过往的情感经历，早就时过境迁，烟消云散。黄色终其一生都在做他认为有价值的事情。

04 绿色性格的单身观

● 绿色单身者，从不着急。现实生活中，往往都是"皇帝不急太监急"，尽管身边人推动着他们去尝试各种相亲，但他们自己，依旧一副云淡风轻、老神悠悠的样子。

● 绿色单身者，真心觉得，没有对象，也无所谓。绿色看似很被动、很依赖，那是因为你总在要求他们改变，而他们不知道该如何改变，所以拖了后腿，假如没有外界的要求，绿色觉得自己可以活得很好。

● 绿色单身者，最佛系，对他们来说，有没有恋人，结不结婚，不是自己的事，而是家人的事。当他们把这件事当成自己的事时，就会自我安慰："一个人也挺好，不用操那么多心，蛮好的。"当家人催促，这事变成家人的急需时，才会有动力动一动。事实上，绿色的生命，很多时候，像是为别人而活。

● 绿色单身者，常以父母家人为中心。多数情况下，绿色包容心强，一旦家人介绍了对象给绿色，那人条件又不算太差，绿色很容易"试试看"，试过一段时间，对方主动推进，绿色想想好像也没啥理由反对，于是，就顺理成章向下继续，直至走进婚姻。

● 绿色单身者，如果找到的某个伴侣，遭到家人的反对，那么，绿色听家人话的概率很大，找到某个合适的借口与伴侣分手。除非家人发现得晚，生米已经做成了熟饭，并且绿色已经与这个人有了很强的情感连接，那么绿色最擅长，也最可能采取的办法就是——"拖"，拖到有一方让步和撤退，假如双方都很坚挺，那么绿色会继续拖，拖到地老天荒为止。

● 绿色单身者，对于是否特意去品尝美食，是否去旅游，是否去逛流行服饰的商店，都取决于她身边的人，尤其是朋友对她的影响。很多红色单身者闲得无聊，想约朋友一起吃喝玩乐，约蓝色，蓝色说："没提早说，请预约我下个月的时间。"约黄色，黄色说："没空，我一个项目正在关键冲刺。"约红色，红色说："对不起，我人在八千里外旅游，等回来再说。"最后约绿色，绿色说："好啊。"于是就去了。

● 绿色单身者，喜欢的生活方式是慢慢悠悠的，但现实情况是，绿色容易受他人影响，在他人推动下做事，所以，绿色单身者也可能会整天忙着完成别人交代的事，因为大家都觉得，"反正你单身，我可以占用你的时间"。假如绿色比较幸运，身边没啥人想要占用他，绿色多半会宅在家里，像"听听音乐、看看书"这样的"娱乐"方式，对绿色来讲，已经算是相当丰富多彩了，可这在红色看来，简直不可思议。在红色眼中，绿色绝对是过着"行尸走肉"般的生活。

● 绿色单身者，其实很难有明确的理想伴侣画像，他们多半是听从别人意见。别人说这样的伴侣好，他觉得不错，除了外貌和收入等通识要求外，绿色倒真的不强求。

● 绿色单身者，实际交往中，他们容易被主动热情的进攻型选手拿下，容易被表达强烈需求的人黏住，容易跟自己家人更认可的伴侣走进婚姻。但在最初，在还没遇到合适对象前，你问她："你的理想伴侣啥样？"她"嗯啊"许久，会一片空白，最后说："差不多的就行。"

● 绿色大龄单身者，总量比较稀少。事实上，大多数绿色，年轻的时候都把自己嫁掉了。真正大龄未婚青年的绿色，多半家里有个掌控欲强的父母。当家人要求绿色赶快结婚时，绿色会加快步伐；当家人对绿色择偶给予很多意见时，绿色反不知怎么选择，从而延迟了进入婚姻的速度。绿色终其一生都想尽量不违逆他人的意见。

第三篇

性格色彩
单身实战指南

受伤篇

梦幻篇

折翼篇

耽误篇

01

自我保护
——情若不动心不痛

　　有些不婚主义者，是因为不愿踏入婚姻这座围城；有些不婚主义者，不但不婚，而且不爱，终日枯灯。后一种情况，多是受过感情伤害，一朝被蛇咬，十年怕井绳，不敢轻易言爱。

　　从性格角度，因受感情伤害而不再爱的单身，可分两类：

　　♣　红色，年轻时没心没肺，不小心上了贼船，爱上了不该爱的人，结局悲惨，极其痛苦，此后，一直在怨海纠结，无法再爱，不愿轻易相信。

　　金庸和梁羽生都曾描写过这类女子，以赤练仙子李莫愁和白发魔女为最。李莫愁恨男人，见男人就杀，其实是由于自己感情受创。赤练仙子即痴恋仙子，每次伤口发作，喊打喊杀，说白了，就是情绪化发作。白发魔女因婚事受阻，一怒之下，杀光卓一航的同门，与卓先生反目后，一夜之间白头，也是情绪波动大到要死要活的主儿。两人的核心性格，都是红色。

　　■　蓝色，天性细腻，感情中受过伤的每个细节都在心灵留下刻痕，矢志难忘，本来就擅长负面思考，因此陷入深深的绝望谷底，把自己封闭，不让异性接近，断绝一切再次受伤的可能，也断了自己的路。

　　《神雕侠侣》中李莫愁的师父林朝英情伤后，独自待在活死人墓，终生不出。对比蓝色的林朝英与第一类的李莫愁，可看到蓝色与红色的明显差别：一个是固守心里的那座坟，绝迹江湖，不问世事；另一个是大开杀戒，在江湖腥风血雨。一样是受情绪折磨之苦，蓝色是暗自心苦，而红色是让天下都知道自己的苦。

另两种性格，黄色和绿色，少有因受情伤而绝情弃爱的情况。

▲ 受伤后，黄色的情绪平复力强，擅长迅速将挫折转为下一行动目标，她们不愿浪费时间自怨自艾。黄色的绝情，不像红色和蓝色，这两种人依然会情不自禁地打听前任，潜意识里，如果前任过得惨，如果后悔当初伤我，自己就可心理安慰。而黄色的绝情，是翻篇儿了就翻了，人生不交集，彻底抹去记忆，假设伤得太深，实在气不过，赶明儿再还击，但如果还击，对我没啥好处，何必去做。

● 绿色的强大功能是"大事化小，小事化了"，这招儿足以让任何伤害消弭于无形。当绿色受伤时，往往是绿色身边的人恨得咬牙切齿，她还反过来劝慰："他可能也是不得已。事已至此，算了吧！"对绿色而言，把日子过下去，让一切趋于平稳最重要，恩怨情仇太复杂，想想都累。

故此，本文只探讨蓝色和红色这两种性格的内心反应及解决之道。

蓝色性格绝情者——冰山下的暗流汹涌

红色和蓝色，都可能因为受伤而绝情，差别在于：

♣ 红色心态开放，即使绝情，依然留下一些缝隙，异性还有机会接近，只是在是否进一步的问题上，红色因为怕再次受伤而止步不前，或有极端反应。

■ 蓝色一旦绝情，可把感情藏到了无痕迹，异性无法从她身上感受到任何允许走近的信号，其实，冰山之下暗流汹涌，心中到底多少怨恨、多少伤怀，旁人很难得知。

妙玉和良子是小学同桌，妙玉成绩第一，良子成绩第二，小学毕业，各奔东西，再无联系。高中时，两人书信联系上，信的内容令良子惊诧："你还记得2013年1月12日的那天下午，你借我的那块橡皮吗？后来你忘了要回去，我一直都留着。""我一直想考北大和清华，一起努力，北京见吧！""四年级下学期的那次全校数学竞赛，你考了八十三分，比我多五分，那是你第一次考的分数比我高"……良子惊诧于妙玉的记忆力，只可惜，红色的良子大大咧咧，看不出人家的心意。

后来，妙玉缠着父母将她转学至良子的高中，本以为和良子可走得更近，但当她发现良子和班花打得火热后，又以不适应新环境为由，转回原校，两人自此，几年断了往来。高考前一周，妙玉不知用什么方法得到良子家庭电话，问他考哪所学校，良子答，估计上海交大吧！

高考后，妙玉进了上海交大，而良子发挥失常，没去成，两人身处两地。妙玉得知良子跟班花已不再往来，用各种方式打听到良子手机号，之后，每次电话全是东拉西扯。比如，她会说，我在琴房练《卡门》（她发现良子在网上有整整一个月都放这首歌）；她会说，过两天我回家会路过你的城市（其实她希望可以和他见面）；她会说，以后我的婚礼你来主持吧（她知道他兼职做司仪，但其实是试探）。四年后考研，妙玉再次打电话过去，问他报考哪里，她还记得当初那句"一起去北京"的承诺，报考了北大，而良子醉心于现有的一切，仅仅留在本校读研，两人仍然身处异地。

妙玉认识良子十二年，她的一个袋子里始终保留着高中时通信的文字。良子的名字就在手机上，她却不再拨打，最多就是节假日的一个"看似群发但其实只发给他一人"的问候。可惜，十二年，消耗她太多精力，考研后，她彻底累了，不与良子联系。五年后的晚上，妙玉拨通良子的手机，说她已经领证。他听到后说了一句："恭喜恭喜！祝你幸福。"

但他不知道，妙玉说的是假话，这也是她与他说的最后一句话。当她听到他说"祝你幸福"后，终于知道，今生无望，正好有个机会出国，于是办了移民。又过了五年，良子当了爸爸，忽然有一天，收到越洋包裹，里面是张多年前《卡门》的原版唱片，没有署名，但良子知道，是妙玉送的。原来，妙玉一直没有结婚，独自在国外大学任教，过着修女的生活。

蓝色示爱方式之含蓄，令红色很难理解。对红色而言，把"我爱你""我想你"说出来，是家常便饭，而蓝色所说"我记得某年某月某日……"红色完全不认为是表白，对蓝色而言，这话已经露得骨头都快翻出来了。

蓝色内心的情感非常细腻，但表达出来总让人觉得平淡，这也是蓝色受伤的重要原因。很多时候，并非对方刻意伤害自己，而是没有在对的时间把情感给对的人，明珠暗投，加上蓝色把一个人放进心里的过程太慢，难以接受新人，眼看青春流逝，唯一爱着的人却麻木不仁。这种痛苦，并非针对某人，可以说，是自己所信仰的完美爱情，遭到幻灭。

蓝色绝情者，不需过多倾诉，不需很多人理解她，安慰她，她认为，懂的人自然懂，她可以真正做到一个人安静地生活。虽然，毋庸置疑，思念和痛楚还在折磨着妙玉，她送的那份不具名的礼物，其实，只是自己内心的凭吊。

我的蓝色好友，失恋三年期间，在朋友圈里发的唯一一条消息，引用了诗人北岛的两句话，"一切都是命运，一切都是烟云"，没人明白，她为什么发这句话。只有我才知道，那是一个清晨，大学图书馆，她和男友的相识，是恰好两人都要借图书馆里唯一的一本《北岛诗集》。多年后，当对方毫不留恋地大步向前，她还停在原地，这是她最大的悲哀。

红色性格绝情者——多情与绝情的混合体

红色受到伤害，不敢再爱，内心深处却渴盼丘比特驾到，所以，绝情之路往往纠结反复。

多年前，静静听说念经可断男人，就放下日进斗金的生意，跑到遥远的普修庵山门，向掌门师太请求剃度，掌门看出她凡心未断，劝她先别急着跟佛祖套近乎，先待段时间。静静在庵里住了一个月，天天念佛，还是没搞清自己要什么，跑回俗世，听一个姐姐说性格色彩可以真正认清自己，就参加了性格色彩婚恋课，在班上讲述了她自己的故事。

我是很熟的熟女，性格是红色。

初恋时碰到个蓝色的家伙，没有甜蜜表白，没有鲜花礼物，每次约会，都一成不变，在公司附近的咖啡馆见面，聊上一小时。天真热情的我，总忍不住问他："你到底喜不喜欢我？说呀！"而他总是冷冷地："你自己看不出吗？"作为初次恋爱的女孩，我的热情被践踏到了脚底。我幻想自己的坚持换来他灿烂的笑容，不管是不是节日，我会用并不丰厚的工资给他买很多礼物，希望他开心地收下，感激我的用心，但每次我都看不出他开心的表情，到了后来，他还会婉转地暗示，这些礼物不必要。我开始情绪化，每次见他，脸上都一层乌云，我希望他能安慰我，可他视而不见。终于有一天，他以调动工作的理由结束了我们的关系。虽然我很痛，但我还是自尊坦然接受了事实。那年我二十七岁。

紧接着，我遇到一个红色的家伙，热情似火却多变，家境富有的他，上午还在市中心上班，下午就买好机票一个人飞往马尔代夫散心，虽然我骨子里也羡慕这样自由自在的生活，但也会担心，这样一个随心所欲的男人，会不会在我身边定下来，在他旅途之中的艳遇，随时都会让他忘了我？毕竟我受过一次伤害，我怀疑自己的魅力，也就是从那时开始，我变得多疑。我们经常见面，但我还是会在他不在身边的深夜，电话问他在哪里，要他打开摄像头才能安心。一年后，我发现了他与别人的暧昧，这给了我巨大打击，证实了我的自我认知——我不够有吸引力，我痛苦地结束了这段关系。

初恋时，红女情窦初开，想要表达，却又不知该如何表达。当红色遇上蓝色，红色总想让蓝色亲口表白，但蓝色总是不说。就像性格色彩培训院的周蝶导师分享的，她的蓝色老公，不但从不说"我爱"，也从未说过"我喜欢"。她家有一只小狗，是蓝色老公的最爱，每天遛狗，喂食，无微不至地照料，无事时小狗依偎在他脚边，他随手撸着狗头，画面无比和谐美好。这么喜欢小狗的他，当老婆问他："你喜欢嘟嘟吗？"（嘟嘟即是小狗的名字）他看着小狗，问："嘟嘟，你觉得我喜欢你吗？"——还是不正面回答。蓝色表达的含蓄真是闷骚在骨子里的。

第一次恋爱，对方无视好意，不关心静静的需求，让静静恼火，甚至怀疑对方的真心。蓝色对情感的表达本来就含蓄，她无法读懂，断定没有给她甜蜜表白是不够热情，无视她送的礼物是不解风情，进而得出蓝色不够爱她的结论，随即情绪化发作，疑神疑鬼，结局可想而知，人家受不了，撤了。红色完全不懂蓝色在想什么，又期望蓝色以同样热烈的方式回馈，没有得到，莫名受伤。但这次的伤害，应算是误伤。

两个红色的相遇，常见模式是，两人很快地相互有好感，很快在一起，但因为猜疑、缺少安全感以及见异思迁，又很快分开。

你可能会有疑问："红色不是很乐观开朗吗？为何会猜疑和缺少安全感呢？"简单来说，红色的情感丰富而敏感，容易把感受放大，如果对方也是红色，可能会比较随意，在一些小事上让静静浮想联翩，而她没有控制好情绪，就会演变成"查岗""夺命连环 call"，并要求对方秒回信息、断绝异性往来，而这些都是与对方那个红色的追求自由的天性相悖的，反而加速了对方的逃离。

受伤后，由于红色心态开放、容易相信，静静很快接受了下一个男友。只是在这次恋爱中，她刚好遇到了一个红男，也许这个男人不可信，也许是静静的缺少安全感反而推动了对方偏离轨道。这次打击，对静静而言，是个重要事件，加深了她悲观负面的自我评价，是无法挣脱的噩梦。

第三个男人的出现，唤醒了我初恋的回忆。我认识他时，生活半封闭，那时，妈妈癌症晚期，我因为之前买了房子，每天五点半起床给新房装修，再上班，下班后继续装修，还要找最好的医生，一天天耗下去，人快垮了。所以，这个稳重的男人伸手帮我时，我不假思索地认定，他就是我的 Mr. Right，把我所有对男人残余的信任，全都给了他。

最后，他提出分手，那是我每天忙着去医院没时间见面的时候，他用短信轻描淡写，把我打发了。我不甘心，跑去他家，他不肯出来，我就在楼下守候，我死也要死得明白，他勉为其难，跟我谈了，历数了我的种种"问题"。最让我伤心的是，他竟然把我心情不好时说的话，作为"罪证"，原来，他早就讨厌我了。最后，我揣着一颗被打入十八层地狱的心，决意斩断对爱情的一切幻想。

后来，我经历了人生中最痛苦的三年，这三年里，妈妈卧病在床，每天问我："有没有对象？什么时候结婚？"我每次都狠心不看她期盼的眼神，告诉她："没有。"在我身边，不乏追求者，但我不肯给任何人机会，因为我有恨，我恨那些伤害我的男人，更恨那个最后将我打入地狱的男人，我要用我的冰冷绝情来断绝所有男人对我的念想。

三年过去了，妈妈在遗憾中合上了眼睛，我才猛然发现，原来我的绝情，断绝的不仅是男人的念想，更断送了自己的幸福，断了妈妈最后的愿望。

　　这是让这个女孩受伤最深最重的一次恋爱，此后，朱弦断，明镜缺，与爱长诀。在这次恋爱中，她认为自己付出巨大，认定对方是自己的灵魂伴侣。对方在自己脆弱时伸出来援助之手，给当时心力交瘁的她情感上巨大的寄托。所以分开以后才会最痛，有天塌地陷之感。

　　还有一个客观因素——母亲绝症，此情此爱中，让她在情感上极其需要支撑，在这时，由于性格不合，她红色的情绪化让对方受不了，对方的挑剔和批判，也让她自己难以忍受，但出于情感需要支撑、强烈的不安全感和害怕失去依靠，她忍着痛苦，死死抓住对方。在这段关系里，两人都很不舒服，但她受的伤害是毁灭性的，因为她更需要这段关系，而对方还可全身而退。

■ 给蓝色性格绝情者的建议

蓝色绝情者，不像红色那样通过宣泄，就能把情绪和伤痛排除。我建议他们做的，是以下几件事：

第一，走出过去，赶走阴霾。

不排除小部分蓝女，经过长时间沉淀，可以适应并享受单身独居，过成一种精致有品位的生活。但这种绝情弃爱的状态，多数蓝女内心还是有许多伤痕，一遇到相似情景，就有小虫噬咬灵魂的痛楚。为了让情绪走出负面，请给自己的生活安排下一项重要内容，与积极健康的红色或黄色交朋友，一起出行，从他们身上学习放下过去，更好地生活。

第二，修炼自己，提升学习。

之所以走到如今，不要仅仅归咎于你天性如此，每种性格都有优势和劣势，每种性格都可成就更美好的自己。这比你是否结婚，要重要得多。不论你是否想重获爱情，走入婚姻，都请把个性修炼作为你人生的一项长远任务。蓝色要开始修炼很难，因为你需要排除各种心理障碍，做好充分准备，一旦开始，这条路上会走得很长远，很坚持。

第三，打开心门，尝试交流。

由于天生内向，加上性别原因，蓝女拓宽异性的交往范围极困难，而且成为蓝色绝情女后，自动自发地放弃了很多结识异性的机会，变得更难。假如愿意调整，不妨从参加公益组织或参加课程学习开始，与和你有共同爱好的异性交流，将心房打开。

♣ 给红色性格绝情者的建议

红色绝情者如果想找到幸福爱情，需要突破的障碍，十分艰巨。

其一，红色的幻想让她内心依然抱有对理想对象的渴望，但心被封闭，包裹着厚厚的屏障。

其二，她自己过度敏感挑剔，但凡接近的人，要么被吓退，要么被怀疑。骨子里，她希望有人来打破自己的爱情魔咒，但因为自己怨天怨地，祥林嫂附体，没人愿意解救她。

受伤后自我保护的红色性格，不相信别人的常见思路是——假如你爱我，就要禁得起我的挑剔和怀疑，要用实际行动证明你的真心，而且仅仅一两次的证明不够，要反复接受考验。如果你觉得这样的"考验"太伤人，那么请问：既然你有情于我，为何不能接受考验？

但谁愿意拿热脸一次次地贴冷屁股呢？而且，男人的想法是：既然你有情于我，那为何要让我接受考验呢？你所谓的"不相信爱"，本质其实是——害怕失败。好比一只遇到动静就把头埋进沙子里的鸵鸟，因为你不敢承担爱不如意的结果，所以，把自己牢牢包裹。嘴里越是大声喊叫"我要绝情"的人，越绝不了。叫得越响，情根越重。很多时候，红色是做给别人看，蓝色是做给自己看，黄色根本不给任何人看。

红色因为被伤，有时会向世界郑重宣布：我要带发修行啦，我受伤了，伤很重，从此以后，小女子我不再相信爱情，谁再跟我提"恋爱"二字，朋友就没得做了。过不了多久，又贱兮兮地死灰复燃，重出江湖，爱上了一个天上地下绝无仅有的人（顺便透露一个秘密，那些经常打破自己封笔、封山、封演、封唱等誓言的名人，几乎无一例外，都是红色许诺时考虑不周）。还有些人，常发悲情之语，"嫁不了你，嫁谁都一样，罢了，你别管了，我这一生，就这样了"，这种台词，也是红色最为擅长。

即便红色的绝情令人扼腕，那些发誓绝情的红女，多数只是当下刺激太深，持续的痛苦暂时未过，加之，跟进上来的新男人还不足以好到让自己忘记前面那个人。

> 如果只是男人带来的心痛，仰赖人类最伟大的导师——时间，你必将抚平心灵的创伤，重新为自己选择，终享人间之乐。不过，如果你的心痛还有其他原因，你需要彻底梳理清楚，才有可能轻装前行。

若到此刻，你还是翻来覆去地唠叨着"情不动，则心不痛"，恭喜，你越这么说，越说明你的内心依旧相信爱情的美好，只是你口中不愿承认而已。

信者得爱。

02

情感转移
——只信工作不信爱

　　我问一个姑娘："你现在有没有男朋友？"她愣了一下，挤了两个字："没有。"

　　故事很老套，姑娘热恋时，男友和她的闺蜜暗度陈仓，被她发现，重挫后，不再相信爱情。这时，朋友提出一起创业，她就把所有精力放在工作上，麻醉自己，不过，只要一停，就钻心地痛。在熬过要死要活的那段时期，对男人有了戒心，现在，偶尔约会，没一个算是正式，所以，问她有没有男友，回答要迟疑。

　　姑娘觉得，自己以后是否还会真心，首先取决于对方的付出，再考虑相应回报，但不会太多。也许，有一天，她完全觉得对方毫无保留，才会认真。以前，她觉得爱情很重要，现在她觉得，生命里还有更多东西比爱情真实、靠谱、重要。

　　以上情况，生活中比比皆是，也许，正读本书的你，也是。这正应验了《我很忙》的歌词描述：

　　不想要假期，我没地方可去，不需要狂欢，人群只是空虚。
　　多数的关心，只是嘴上说而已，真正懂我的人是自己。
　　就让我忙得疯掉，忙得累倒，连哭的时间都没有最好，
　　就让我忙得忘掉，你的怀抱，它曾带给我的美好。
　　当一个麻痹的人，那有多好。心里没别的，只有忙忙忙。

工作是一种抵抗，一帖解药，人怎能被想念打倒。

当有人问好不好，怕伤心夺眶，就咬牙说我很忙，

这完美的谎，完美的伪装，才让我的痛，没人看到。

你在哪里，曾是每天要问你的一句，我要戒断，这种恶习。

情感受伤后，不敢再有丝毫触碰，只能完全寄情于事业。在性格色彩中，这并不是典型的黄色（参阅本书"追逐成功"一节），通常，以红色或"红＋黄"性格居多。

♣　红色受伤后，容易强烈沮丧和懊悔，需要情绪发泄。例如，在淘宝疯狂购物，买完内心懊悔，恨不得把自己的手剁掉的"剁手族"，这种人，基本属红色，情绪必须寻找疏通渠道。情感受挫，对红女而言，像场天灾，过了后，亟待修复的是情感本身。

▲　黄色最大的满足感，并不能从爱情中汲取，只能从事业的征服和竞争的胜利中获得。情感中的黄女，无论恋爱如何，受挫与否，始终认为，婚姻不过是人生的一桩事业，但如果"婚姻"这个"需要两人一起努力"的事业这么不可控而受挫时，那我就继续"我独自可控"的事业吧！对黄女而言，情感受挫是把小刀，撕开了爱情甜美，无情展示了残酷真相，摧毁的是她对男人的信任，加深的是她对爱情的质疑。骨子里，黄色原本就不易信任人，一旦遭到背叛，更强化了预判——还是工作可靠，一分耕耘一分收获，既然一人就能撑起一片天，那何必依靠不可靠的男人呢？爱情浩劫后，当红色还在废墟堆里痛哭时，黄色早已擦干眼泪，转移情绪，踏上耕耘事业的征途。

而"红＋黄"性格的女人，兼具上述两种特性，一旦受到重大情感伤害，在懊悔痛苦的同时，极易寄情于事业。如果揭开光鲜精致的外衣，在心灵深处，也许有一道不愿示人的伤疤，绝情背后，隐藏着不为人知的故事。

爱情不可信

在"性格色彩卡牌师"课堂上，有个"红＋黄"性格的小美，在性格色彩卡牌测试中，红色居然高达二十二分。小美出身优越，初恋时爱上一个有才华的穷小子，不顾家人反对，私奔穷乡僻壤，啃馍馍吃菜根，苦熬半年，牺牲巨大。谁知，穷小子出轨，被她发现后，上演了挥泪斩情缘的虐心戏。

后来，她四处闯荡，最终创业。来参加课程的小美，卖掉了公司，给几家跨国公司做顾问，三十七岁，丝毫没有找对象的想法，所有时间都给了工作。我问她这辈子最惋惜的是哪段情缘，她沉默很久，用最短的语言告诉我一个故事。

当年她在上海工作，蓝色男人何箫，她的老板，非常爱她。何箫以模棱两可的角色陪在她身边，承揽她所有的家务，从未提过一句爱她。也许小美初恋时受的刺激太大，她只想把全部热情投入工作。总之，小美对何箫长达三年里所做的一切置若罔闻。她生病时，何箫每日熬汤喂饭，从未有非礼之举；在她说去和别的男人约会时，何箫保持缄默从无反对之举，默默三年，坚持付出。当小美决定离开上海发展，在车站看着何箫为她送行的那一刻，她对这个男人的不舍满溢于心，悲伤地流下眼泪。若干年后，她发现想找到像何箫一般对她好的男人，已是可遇而不可求。又过三年，世事无常，何箫心肌梗死离世。小美得知，五雷轰顶，终于承认了一个事实——何箫是她今生最为亏欠的人，她明白了，什么是后悔。

不相信爱情这事上，红色的不信，只是嘴上不信，骨子里依旧期待。若给红色一个完美老公，代价是，放弃事业，多数会答应。所以，红色选择努力工作，是因为需要包装努力而忙碌的状态，不想被人看不起，有工作这么好的理由，干吗不用？

这与黄女找男人完全不同。黄女目标清楚，我要我想要的生活，哪个可操作性更强，我就在那上面付出时间与精力，虚的东西有啥意思。

"红＋黄"性格，不像红色容易好了伤疤忘了疼，她们更能记住痛苦，当新男人出现时，必须有充分证据不断证明，这个男人不会像从前的男人那样背叛，否则，绝不出手。当然，还有一个原因，工作，对"红＋黄"性格也有足够诱惑，工作，可证明价值，让受伤的心，获得安全有保障的寄存。

因为不相信，也许会错过很多值得托付终身的人，但对受过伤的人而言，打开自己，太难了。幸好，小美最终参与性格色彩读心术课程的线上学习，找到了真实的自我，知道自己刀子嘴豆腐心，不单感情上吃苦，工作上也吃力不讨好。深刻洞见后，她决定继续学习。成为卡牌大师后，自我疗愈也疗愈他人，有了一门很好的副业变现；最终也走出遗憾之痛，全新的自己遇见了全新恋情。

嫁男人不如嫁工作

有些"红＋黄"的女人，受伤后寄情工作，也会继续与男人交往，只是不再投入真情。对她们来说，工作才是正主，男人只是暂时栖息之所。工作中，她们能得到巨大的认同感和安全感，只因恋爱中尝尽所托非人的苦，所以，决意将自己托付给工作。

女古董商斯丽，十八年前，只身北漂，带着微薄积蓄，每天凌晨四点，在北京街头背着麻袋，穿着军大衣，蹲在一堆地摊商贩中认石头，一蹲三年。三年里，她四处拜师，最终，练出"鉴宝"的眼力。在古董这行，多少有钱人倾家荡产，换了一堆不值钱的废物，她却迅速崛起，不到三十岁，有了自己的拍卖行和玉石店。

励志的是，斯丽有这样的成就，全是因为年少时，被一个老男人骗了。老男人看起来儒雅，骗她自己单身，描绘了一个王后般的美好未来，她喝了迷魂汤，怀了老男人的孩子，最后，正宫找上门，闹得天昏地暗。她二十二岁,成为单亲妈妈,跟不理解自己的家人断绝往来,把孩子寄养在好友家里,只身北漂。

现在,斯丽事业刚有起色,身边围着仰慕她的各色男人,从耄耋到弱冠,应有尽有,她享受这种被围绕、被重视的感觉,会在不忙的时候偶尔召唤他们中的一员,但却不会和任何人发展长久稳定的关系。

表面看,这类"红+黄"女子活得精彩,事业有了,男人也围绕身边,实际上,她们与真正的女权主义完全不同。她们只是为了遗忘过去的伤,选择一种看似潇洒的活法,这种情感转移,并未触及心底最深的伤。

如是,让自己身陷真假情劫,搞不清戏里戏外,得到真爱的可能愈加渺茫。就像亦舒小说《喜宝》中,喜宝说:"我想要很多很多的爱,如果没有,有很多很多的钱也好。"午夜梦回,心底何尝没有对爱的渴望?只是,不想再触及过往伤痛,寄情于工作,只是逃避。

"忘情女"与"无情女"的本质差别

"忘情女"和"无情女",性格完全不同。区别如下:

1. "忘情女"——情事太重要,只是怕受伤,故而屏蔽,每伤一次,就裹得更紧;

   "无情女"——情事不重要,有,不错,没有,无妨。

2. "忘情女"——易被情伤;

   "无情女"——易被己伤。

3. "忘情女"——内软外硬,用强势武装自己;

   "无情女"——内硬外冷,用温柔修饰自己。

4."忘情女"——恨男人；

　　"无情女"——没时间恨男人。

5."忘情女"——对情感有内心深层渴望，那是她们的软肋，是她们的恐惧之源，她们只是暂时还没遇到能真正走进内心的人，遇到了，一切都改变，会变成原来的自己；

　　"无情女"——对成就有无限欲望，她们的恐惧源于，有一天她们发现自己拥有的都是幻想，毫无意义。

6."忘情女"——你有办法探知她的喜怒哀乐，因为她们自己会流露，她们可能会炫耀当下的成绩，告诉朋友自己的不开心，她们认为这没什么；

　　"无情女"——你几乎无从得知她的内心，因为没有敞开心扉的需求，除非她们需要寻求解决问题时，才会找你，否则，她们认为毫无倾诉必要，她们不想让别人知道自己的软肋。

7."忘情女"——嘴上说不依赖男人，但内心却想依赖男人，只是无人可依，才发奋工作；

　　"无情女"——嘴上说想依赖男人，但其实，根本上认为世上只有自己可信赖，谁都不能靠，她们喜欢做事是出于天性。

8."忘情女"——是"红＋黄"性格；

　　"无情女"——是黄色性格。

"忘情女"如何疗伤自救？

第一，自省。

> 不论伤害多深，回忆多痛，你必须勇敢而真实地去面对当时的整个过程，去洞见自己当年是否也有失误。

如果只是把这段感情的失败简单粗暴地归结为一条——"男人没一个好东西"，这种野蛮的判断只会让你越来越偏激。

如果正看到此处的你，也曾有过前面这个念头，我想说的是，一竿子打翻全世界的男人很容易，我完全可以此刻装作和你站同一条战线，像李莫愁和灭绝师太那样，振臂高呼以偏概全，帮你去痛斥天下的男人，可这除了能骗你暂时感觉有人和你同仇敌忾外，毫无意义！你的问题丝毫没有解决。如果你能从挫折中学会判断和修正，对你才是最重要的。

第二，找到你内心的力量。

如果你努力工作，既不是因为你痛恨男人，也不是因为你天生就是一个享受工作的黄色，只是因你受伤后对情感失望，不如奉献给工作。你玩命工作，只是为了排解无边无际的寂寞，这样的你，要特别注意：

受伤后，把所有的才智投入工作。假设你的圈子很窄，你的选择会变小；而大多人一见到冷若冰霜的面孔，就噤若寒蝉，没有想亲近的欲望。

典型的红色给人感觉是可爱，典型的绿色给人感觉是柔弱。总之，看上去容易亲近，而受到情感强烈打击的你，每天都像别人在欠你钱，一座坚固无比的冰山挡走了很多你自己的艳遇。

不过，这可能有两个原因：首先，你还不想触碰情感，你嫌烦，怕再受伤，你还需要时间；其次，你觉得如果这个男人见到我冷冰冰的样子就不来追，这种人也不是我要找的人！

我只是希望你能了解一个事实：工作对黄色而言，就是人生的意义和快乐的源泉，当看到一群男人臣服于自己的脚下时，黄女可以从权力的游戏和你死我活的搏杀中满足全部高潮，证明自己的成功和人生的意义。

可你，拼命工作却只是为了麻痹你受伤的心，那么你的封闭只会加重自己的心理暗示。

如果你不像黄色那样以工作为全部快乐，除了能用不菲的收入粉饰精致的职业装以外，你的工作越成功，你的选择余地越小，被你法眼看中的人，多半已婚。在第三者的道德拷问中，你还要反复寻求自己生存的夹缝。且周围和你拼杀到一定级别的多是男性，要接纳黄段子的包围，男老板的骚扰，烂桃花客户听说你没结婚后的邀约……这些只会让你愈加寂寞。

好一点，你发现对男人投入，还不如对喵喵汪汪投入有意义，就养养宠物来转嫁情感；糟一点，日夜人格分裂。

有一天，你突然觉得被工作压得喘不过气来，像三毛一样，顺手撩了个双肩包，直奔高铁站，抬头扫到大理，随便买了张票，漫无目的，晚上看看杨丽萍的演出，期待在剧场里或客栈内遇到自己的荷西。

运气好的话，居然真的找到了你所要的爱情，疯狂缠绵了几天后，猛然回到现实，突然意识到生活还是那个残酷的生活，要有面包，要有房子，要有车子，要有很多……纯粹的爱情并不能当饭吃。这时，没有经济基础的你，是脆弱的，因为依赖别人总不如依赖自己可靠；有经济基础做支撑的你，可选择的余地就会大很多……

所有这些情况都很自然、很正常、很普遍，不用焦虑，也不用心慌。

如果你一直觉得你是一个与众不同的女孩，你很特立独行，我想，你说的是对的，因为我们每个人都是独一无二的；不过，你以为的特殊可能也没有那么特殊，因为在这个世界上性格色彩的规律存在于任何一个角落。

当你在地球这端埋头工作时，另一端的那个人正在看世界，赶明儿，你辞职开始看世界的时候，她正努力爬格子。每个人都有自己的位置和所处的状态，不要着急，有些比你早，有些比你晚。每个人都按自己的轨迹奔跑，生活就是等待合适的机会行动。请放松，你既不晚，也不早，你正当时！

绕了一圈，其实，我真正想说的是：

该工作时就工作，该恋爱时就恋爱，人生得意须尽欢，莫使金樽空对月。没有恋爱的时候，你就好好赚钱，养精蓄锐，自己找地方去遛弯，找点自己开心的事做；有恋爱谈的时候，就尽情享受爱的喜悦。不用那么急吼吼地发狠话，下毒誓。你既可以相信工作，你也可以相信男人。相信错了，吃了亏，那就总结教训，下次再来过。

姑娘，你因为自己情感曾经受过伤，你就变得只去相信工作，再也不相信男人，我能读懂你此刻的委屈和气恼，但不值当啊。

想一想，你看到因噎废食的人，会不会觉得这种人真是滑天下之大稽，紧张过头了吧，犯得着吗？噎了很正常，下回吃饭时注意点就行了，怎么可以一棒子拍死，那么极端呢？

遇见了一个坏男人，你就觉得天下所有的男人都是坏东西；谈了一次没成的恋爱，你就觉得天下所有的恋爱都是坏感情。请问姑娘，你觉得自己搞笑不搞笑？

你认为你再也不会相信任何一个男人了，感慨着"他生莫做有情痴，人间无地著相思"，那仅仅是因为你不吃饭就活不下去，但没有爱情，你暂时还能活下去。

其实，你大可以说："既然爱情这东西把握不住，不如先去把握一个自己能把握住的工作。"这样讲，既不偏不倚、又清素若莼，显得你大气。

记住，越是嘴上不停地叨咕着"再也不相信男人"的，其实，越是心里对爱情存有无限期待。

一个真正对男人已经绝缘的人，连提也不会提这茬儿，在她们看来，嘴上不停地说着"再也不要男人"的，不过是色厉内荏，虚张声势，给自己打气壮胆罢了。

有一天，你会回来的，你的爱情也会回来的，愿你的那一天，早日到来。

03

爱情杀手
——做个魔女让他痛

电影《画皮》中，周迅扮演了一个可以将男人玩弄于股掌之间的绝美魔女——小唯。很快，小唯在网络上被偶像化，原因是，在这些网友的内心，"魔女"，就等于可以颠倒众生，追求个性解放，拥有那种自由积极的精神状态，这是多好的一个词啊。而从性格色彩理论角度，事实上，这些欣赏小唯者，几乎都是以红色性格的女性为主。

现实生活中，这种单身女子，会对爱情抱着游戏玩耍的心态，不把爱情当回事，伤害无数男人的心。这么做有何好处？其实，翻看这类女子的经历，会发现，这样的女子，多数以红色性格为主，她们曾受男人伤害，产生报复男人的心理，从此变身"爱情杀手"。可惜，与此同时，她们也断了自己的幸福之路。

凡人如何变魔女

佳佳四岁时，父母离异，跟母亲长大。十四岁时，被继父猥亵，当她向母亲哭诉时，母亲竟然不信。十八岁时，亲生父亲出现，把她接到加拿大，她不适应那里，六年后，在她的坚持下，父亲送她回国，给了她一所大房子和每月十倍于她实际所需的生活费，让她独自在国内生活。

实际上，佳佳在加拿大的六年，父亲除了给钱，没怎么管她。开始，她寄希望于父爱抚平自己受伤的心灵，但这种奢望，被一次次在父亲身边出现的不同女人彻底击碎了。那些女人容貌各异，但无一例外化着浓妆，毫不避讳她的存在，和她的父亲四处寻欢。她对父亲的爱，变成了恨，恨父亲为什么在她小时候跟母亲离婚，恨父亲丢下她一个人那么多年，恨父亲把她接回身边后却不珍惜。

国外六年，她养成了挥霍的习惯，交遍从白人到黑人各种男友。父亲给的钱不少，但她还是喜欢问男友要钱。用她自己的话说："花男人的钱，有种报复的快感。"有些男人因为迷恋她的美色，心甘情愿做她的金主；有些男人很快离开她。对她而言，男人来或走，都不在意，她把自己比作"猎手"，当新"猎物"出现时，她会有短暂兴奋，想方设法得到那人，这个过程，让她有一种报复性宣泄的满足感。但一旦到手，要不了多久，只要这个男人没满足她的要求，她就毫不犹豫地甩掉，任他哀求，也不回头。

这样的生活，表面精彩，其实，只有她自己知道多空虚。她坚持回国，也是为了换环境，找些有意思的事来做。可到了国内，一切照旧，没有朋友，也没动力工作，每天除了美容就是去钓男人。一晃几年，她被这种空虚感折磨得快疯了。

♣ 情伤后，最容易变成"爱情杀手"的，当数红色。红色的报复，本质上，是种情绪发泄，"我的恨因何而起，我的恨就要因何而去"。通过找不同男人，尤其是看到这些男人受伤和难过，心里会有莫名快感，这样，自己的伤和怨气才能挥发掉。

● 绿色不会这么做，这就是性格迟钝不敏感的好处。上天无比公平，让你痛苦不敏感，让你快乐也不敏感，没什么高兴的，没什么痛苦的。绿色没有爆发式的激动，也不会陷入持续的痛苦。绿色的心态是，纵使再大的伤，日子还要过，天塌下来当被盖，时间自会冲淡一切。

060　　　▲ 黄色不会这么做。因为不断还击男人，除了发泄愤怒的情绪，完全不会给自己带来实质性好处，没有利益，黄色不做。

■ 蓝色也不会这么做。蓝色如果要还击，是"定点爆破"，谁害了我，我就让这人付出代价，不会像佳佳那样漫无目地扫射，伤及无辜。尤其是实施还击前，蓝色会花掉大量时间计划和筹备，以策完全，假如没给自己留下足够退路，蓝色不会行动，有时因计划不够周全，蓝色的还击行动可能还没启动，就偃旗息鼓了。

魔女如何变人类

在本书的"多情炽热"一节中，我谈到"蝴蝶"——沉迷于和不同男人恋爱，却无法步入婚姻的女性。而本文中的魔女跟蝴蝶，区别如下：

1. 蝴蝶——在每段恋情中认真在谈，自认为对每个男人真心，只是由于激情冷却、相处矛盾而分手；

   魔女——从未付出真心，很清楚不过是逢场作戏罢了。

2. 蝴蝶——从恋爱中获得找寻真爱的兴奋、激情及满足感（虽然短暂）；

   魔女——从"恋爱"中收获，抛弃男人后，目睹对方的痛苦所产生的那种报复性快感，以及宣泄后无尽的空虚。

3. 蝴蝶——最大的麻烦是耽误了自己，看不清方向，不知道自己的归宿在哪儿，有种身不由己的迷茫感；

   魔女——报复男人，是为了宣泄痛苦的情绪，但每次宣泄，都会想起自己以前受伤的经历，杀敌一千，自损八百，在她让男人痛不欲生时，自己也痛。其实，她内心很清楚，眼前这个她伤的男人，并非当年伤她的那个，这种"滥杀无辜"的做法不对，但她无法控制自己，于是一边自责，一边继续走不归路。

4.蝴蝶——是红色；

　魔女——是"红+黄"。

魔女和蝴蝶的原始动机一样，"短暂的兴奋和快感"也是出于喜欢和爱，不是因为仇恨和报复。只是，在魔女的"红+黄"的组合性格里，黄色求胜心和要强的成分，就会起到巨大作用，直接导致魔女有强烈自尊心，输不起，一旦情感失败，就需要给自己找个体面的借口。

> 魔女的自我保护及自我防御意识更强，容易把情伤带来的阴影延续，以至于只要在情感中隐约发现苗头不对，或有一点儿冲突，立马放弃。这样，貌似占了先机，能确保自己不被对方先伤。但说白了，并非魔女不愿付出真心，只是她们更怕失败。

若无自我觉醒，随着命运发展，魔女结局，通常如下：

娜娜在美国留学时认识了前男友，在长达十年的时间里，她不但一心一意地爱着他，照顾他（男友比她小两岁，所以，娜娜有些母爱泛滥，把他当弟弟一样呵护，像老妈子一样照顾他的生活起居），还在男友事业失利的时候，拿出自己的全部积蓄给他，帮他东山再起。谁料到男友最终无情地抛弃了她，断绝一切联系，投奔到一个富二代的怀抱。从此，娜娜开始狂恋，不相信男人，谈一个甩一个，但每到夜深人静时，她都会躲在被子里哭得撕心裂肺，只有用大量的酒精才能让自己睡去。如此过了荒唐的几年后，娜娜为了结束这种生活，她选择嫁给了一个脾气温和、老实巴交的男人。

魔女有没有可能爱上一个男人并嫁给他呢？民间神话里，人们醉心于这样的故事，白娘子爱上许仙，狐狸精爱上穷书生，而穷书生的共同特点是：深受儒家思想影响，强调"修身养性"，悲天悯人，代表了社会道德的最高水平；生活中，性格憨厚老实、待人诚恳，富有同情心。

同样，现实中，魔女嫁给一个男人，有两个先决条件：

1. 男人必须无条件信任魔女，毫不怀疑魔女的人性，一旦起疑，感情必然破裂；

2. 男人对爱情须专一，对魔女无二心，不说谎话，经得起魔女考验。

两个特点，与文学作品中描述的穷书生如出一辙。在性格色彩中，与之最为相符的是绿色。除此以外的男人，也许适合恋爱，但很难走进婚姻。这就是最终魔女找绿男上船靠岸的原因，也是魔女走向婚姻的终极选择。

> 魔女，往往不小心伤害的，都是诚恳对她付出真感情的男人。

在魔女看来，真正该得到报应的坏男人，或许魔女想伤还伤不到。在撕心裂肺的爱情里，她自己莫名变成魔女，而当真正遇到温暖爱情时，她却身不由己，伤害着爱她的人，自己也觉得没有言爱的资格。犹如《魂断蓝桥》里，女人最后那双不敢直视现实的眼睛，其实，是惊醒后不敢正视自己的过错，后悔莫及。

如果女人毒瘤未除，却选择了一个可能触碰自己旧伤的男人，那一旦被触碰，毒性复发，就会再次变回魔女。

小倩，人如其名，长得很漂亮，来自单亲家庭。初恋时因为缺乏安全感，恋上一个比她大二十岁的离过两次婚的男人。她投入了全部感情，男人却不能像她一样投入全部感情，分手时她的哭喊和追逐，在对方眼中看来只是无谓的纠缠。后来小倩考上戏剧学院，进了演艺圈，小红了一阵，身边围绕着一群爱慕她的男人，可惜小倩心已死，她利用自己的美貌，对男人予取予求，招之即来，挥之即去，久而久之，她都忘了，真正地爱一个人是什么滋味了。在这样的情场上，她不幸邂逅了一个比她道行更深的"黑山老妖"，那个男人与她斗法，比谁先动真情，她输了，结果对方得到她的感情之后，又把她甩了，她从此陷入绝望的深渊，彻底地堕落。

"出来混，迟早要还"，魔女毕竟是红色，容易相信、容易过早投入感情，依旧是她的致命伤，假如遇到一个同样怀着报复心理的男人，二次受伤，只会比第一次伤更重。

天下情伤者须知，当你自救时，假如你只是希望依靠某个男人来救自己逃出苦海，危矣！举凡天下，能成魔女者，情伤必深，伤之痊愈，耗时不短，也需要她有足够的动力。

魔女若想变为凡女，四招如下：

第一招：看清自己内心。

魔女被人们妖魔化，其实来源于她们先把自己妖魔化，所以，蜕变的第一步是先洞见自己，告诉自己："我只是一个怕受伤害的红色而已。"

魔女不知如何缓解内心绝望，害怕被伤害被抛弃，所以，只能先把自己伪装成一个"杀手"的角色，原因在于——内心极无安全感。

看清自己后，就不会再因情伤自我折磨和折磨他人，不会坠入痛苦深渊。

第二招：纠正鸡汤认知。

由于自己受伤，总是用伤人来疗伤，魔女对爱情和婚姻的认知，已经扭曲，存在大量偏激狭隘的认识。

这些以偏概全的观点，导致魔女无法与男人友好相处。这个世界上有坏人也有好人，情感中有些问题源于性格，了解人的性格和内心世界，扩大圈子，抱着理解的态度，去接触更多朋友。

第三招：主动疗愈。

面对过往伤痛，要找到那些善于倾听的绿色好友或性格色彩卡牌师，将过去的痛苦倾诉，彻底释放。由于伤口深，一次倾诉，多半不能解决问题，需要多次倾诉。当然，最好不是你得到"鱼"，而是你得到"渔"，学会性格色彩卡牌，学会洞见自己，让自己成为自己的生命主宰！

第四招：复盘经历找到根源。

如果你不想每天抱怨，还想投入爱情，可以花些时间自我洞见。也许你会想，为什么受伤的我，要自我洞见？该检讨的，是男人啊！可你唯一能够控制的只有自己啊，我们都无法控制别人，所以，如果你暂时无法改变别人，就先从调整自己开始。

对曾伤害你的那个男人，用性格色彩分析他的内心，明白他种种行为的出发点，也许，分析完后，还是无法原谅，但至少你想通之后，无形中会放下很多仇恨，也会知道你该如何避免同样的伤害再次发生。

受伤篇

梦幻篇

折翼篇

耽误篇

04

挑三拣四
——寻寻觅觅何时休

"女人比男人更挑剔"这条定律，似乎是经过市场检验的：

一家帮女人挑男朋友的店开张了，门口写着："一人进一次，共六层，你可在任何一层挑男人或继续上楼，但不能回到从前。"

某女来找男朋友。

一楼写着："这儿的男人多金。"女人看也不看，就往上走。

二楼写着："这儿的男人多金、帅哥。"女人继续向上。

三楼写着："这儿的男人多金、帅、才子。""啊噢！"她叹道，但仍强迫自己往上爬。

四楼写着："这儿的男人多金、帅、有才、肌肉发达。""哇！饶了我吧！"女人兴奋得腿软！她仍然努力爬上了五楼。

五楼写着："这儿的男人多金、帅哥、才子、肌肉发达、情感专一。"女人不想走了，但想了想，仍满怀期待地走向最高一层。

六楼出现一面显示屏："你是本层的第 123456789 位访客，这种男人不存在。谢谢光临……"

不久，一家帮男人找女朋友的店在对面开张，方式与前者一模一样。一楼的女人漂亮胸大，结果，一半男人进去了；二楼的女人漂亮胸大，脾气温和，结果，三楼以上就从来没男人去过……

由此可见，女人确实比男人挑剔！

这个笑话，在男性中流传甚广，在女性中毫无市场，因为笑话里偷换了概念，还忽略了两性社会角色的不同要求。

社会生物学早已告知，生物体以 DNA 为原始驱力，DNA 盲目地想制造更多 DNA，两性有不同生殖策略。负责生育的雌性，需要一个体贴可靠的性伴侣，而非众多性对象，这样才能使她的 DNA 传播；反之，雄性最大的生殖成功，是到处播种，让更多雌性生出含有自己 DNA 的后代。故此，女人"贪心"，是因为想和一个男人过一辈子，不愿再找其他男人；男人容易"满足"，是因为就算先找到一个差不多的，以后还有机会再看其他的。

另外，古往今来，对女人的情感包容度低。男人婚后游戏爱情，人们会觉得因为他有本事潇洒。女人婚后若有丁点儿不忠，难听的话太多。中国社会，男人婚姻解体，走入下一次婚姻不难；女人婚姻受挫，进入下一次婚姻的难度加大。事实上，多见中年离异后一生不嫁的女人，少见中年离异一生不娶的男人。

那么，到底在现实中，女人真实的"挑剔"，会以怎样的形式展现呢？在四种性格中，唯绿色不挑不拣，挑到篮里就是菜，除此以外，另外三种性格，都有自己的挑剔。

红色性格挑剔——他是我要相守一生的人吗

玲珑相亲了几十次，没看上一个，朋友说她太"挑剔"。终于，她决定和一个男人试试，约会了一段时间，忍无可忍。

我的对象是网上认识的。他三十八岁，没车没房，公司做管理。我接受他的原因是他上进，有追求，有主见。但相处中，我渐渐失去耐心。我不停反问自己，他是我要的一起到死的伴侣吗？我很迷茫。

他喜欢收藏手表，从二十世纪三十年代的古董表到已经停产的机械表，虽然单价不贵，但是有八十多只，加起来，钱也不少。当他像孩子一样向我炫耀时，我没说话，我想，以后他只要对我好就行了。可能我太小看生活琐碎了，他有全套男士护肤品，偶尔也敷面膜，冰箱里还有口服维E。可能是我之前没见过这样的男人，我觉得他太爱自己了。难道男人不是挣了钱就给老婆买化妆品和包包吗？怎么变成给自己买手表和护肤品了呢？我和他一起吃饭，总是我给他夹菜，他从来不知道夹给我。有一次，我接了个电话，讲完以后一看，他把最贵的那道招牌菜吃没了，我很无语。他还总说跟我一起吃饭特香，心情特好，我欲哭无泪。难道多放点心思在我身上那么难吗？

有一次陪我上街买衣服，进了服装店，我随意试穿了几件，他居然把衣服的价格标签翻出来，一件件看，我当时就忍不住拉脸，没和他招呼，转身出去。过了半天，他追上来，问我怎么了，我气得什么也不想说。事后我想，他看价签，让我觉得在售货员面前丢人还在其次，更重要的是，他给自己买东西那么大方，陪我逛这么计较，分明是不在乎我。

我知道，我跟他只是开始，还没走进婚姻，现在就有很多地方无所适从。我不知道是我一个人生活久了，还是因为他的确是我没见过的类型。是因为他只对自己好，对别人不会好？还是因为我就不是他想要去付出的女人？我是想找个男人共度一生的，如果他这样的男人不适合我，或相守不了一生，我愿意早点了断，毕竟我拖不起。

后来，他买了那件衣服，跟我道歉，可我跟他说冷静一下，他说好。现在我们彼此不联系一个月了，看来这段关系已经结束了。只是我觉得心里很堵，怎么会遇到这样的人，还是说现在单身男人都是只爱自己不爱别人？

乍一看，玲珑抱怨的只是男人在生活细节上的缺点，诸如爱给自己买东西、喜欢打扮，陪她逛精品店时关注价格标签。仔细看，你会发现红女关注的重点，是落在男人"不疼爱她""只对自己好"上。

> 红色性格所挑剔的，并非男人的举止，也不是男人送她多贵重的礼物，而是他有没有关注她的感受。

事实果真如此吗？如果玲珑换位到男人的角度，会发现，那个男人也许只是典型的红色而已。喜欢收藏自己感兴趣的东西，为了喜欢的东西可以不考虑代价，向女友炫耀收藏，仅仅只是分享快乐。红男不细心，吃饭时只要跟喜欢的人一起，吃嘛嘛香，却没发现，类似"夹菜""留菜"的体贴细节，却是玲珑在意的。遇到这种问题，未必一定要立即上纲上线，也许是习惯，也许是性格，但没必要举起道德的大旗，可以再观察一下。

换言之，如果她能在看对方不顺眼时，回归理性，平静下心情，换个角度，也许先不那么决绝。如果这个女孩是绿色，相反，还会觉得这个男人傻得可爱。

在红色"挑剔"这事上，除了本人，还有一群人也在扮演重要角色，那就是——闺蜜团。

红色耳根软，容易受耳边风影响，很多时候，她认为自己只是按照大众标准在要求对方，这些标准并没数据分析，只是闺蜜共同的看法。而这个看法很容易变成标准，不幸的是，这套标准时常变，怎么变，取决于红色最近交了什么朋友。

红色如果最近交的都是酒肉朋友，那么，这个相亲对象有没有趣，好不好玩，能不能大方买单，都会成为挑剔的内容；而红色最近交了自认为很有艺术气息的朋友，那么，相亲对象认不认识达利，听不听马勒，看不看伍尔夫，分不分得清布莱希特与斯坦尼斯拉夫斯基，就很重要。

所以，红色的"挑剔"，源于她能不能因为这个选择在朋友那"扎台型"（沪语，形容一个人爱出风头，摆阔气，要面子），有拉风感，显得找这个男友的选择无比英明，一切的一切，都是因为红女重视朋友的说法，受身边人影响大。

蓝色性格挑剔——福尔摩斯附体

千代，三十七岁，给她介绍对象是个困难的活儿。有一次，约会对象请她去西餐厅吃饭，吃完回来，问她咋样，她说："那家西餐厅最好吃的甜品舒芙蕾，是需要提前三小时预订的，他没订。"我说："没订就没订呗，约会重在聊天，吃什么不重要啦！"她说："如果不吃那道顶级甜品，就没必要去那家餐厅，隔壁马路有家环境更好的西餐厅，价格便宜四分之一。"我说："你不会因为这个，就否定那个男人吧？"她说："人不错。"过了两个月，我再问她，和那个男人发展怎么样，她说那之后，没再见面，我吃惊地问："就因为那道甜品？"她说："总觉得少了点什么。"

后来，千代又被介绍了一个号称有品位的人，国外回来，做进口食品生意。相亲完，她保守全面地评价："其实那顿饭，我没吃好。"我说："为啥？"她说："他走进来，拉开凳子坐下，把又大又沉的公文包放在侧面的椅子上，跟我的坤包放一起。"我说："那怎么了？"她叹了口气："那个公文包不该放在那里。"再三追问下，终于搞明白她郁闷的原因。她的逻辑是：

1. 公文包又大又沉，他把这个包从早带到晚，不可能每到一处都抱在怀里，难免有时放地上。

2. 公文包放在地上，地不一定干净，即使看起来干净，有可能用拖把拖过，同一把拖把，可能拖过厕所，沾上洗不掉的细菌。

3. 公文包在有细菌的地上放过，有可能也沾了细菌。

4. 公文包跟坤包放一起，放的时间越久，越可能让坤包沾上细菌。

5. 我跟这人第一次见面，彼此都不了解，如果我把坤包拿开，他可能会误解我；如果我解释说他的包有细菌，他可能会误会。

> 蓝色性格的挑剔，是骨子里的真挑剔，因为既敏感又善于推理，会轻易发现事物不利的一面，倾向于挑剔细节本身。

在早期试探性相处时，蓝色不会把自己的挑剔告诉对方，因为蓝色表达谨慎，要先确定可以把话说多深，所以，蓝色的"挑剔"，往往只是影响了自己的心情。

假如运气超级好，也许蓝色会遇到能满足她所有要求的那人，但多数人都禁不起挑，所以，蓝色往往独自寂寞。

蓝色的"挑剔"，往往从感觉不舒服开始，但怎样让她舒服，得靠你自己去猜心。还没等你猜到，也许她已经不舒服几个来回了。所以，如果蓝色在恋爱中不那么挑剔，要么说明你做得好，要么说明她在忍。蓝色的快乐指数不高，就是这个原因。许晴曾说，她妈妈就是感情有洁癖的人，那年家里发大水，收拾过程中，父母眼神有个交会，她妈妈就说她爸爸的眼神里已经没有爱情了，必须分开，然后就分开了。因为一个眼神就选择结束，这样的理由，你这辈子也许只能在蓝色那儿听到。

黄色性格挑剔——不是我挑，是他配不上我

黄色的世界，非黑即白，是非对错，一眼就看得出。黄色找对象，也具有这种高速判断力，但在意的，不是细节，而是整体实力，以及所有体现实力的潜在因素——智商、情商等。

西西里在奢侈品公司工作，工作出色，追求者多，但一个也看不上。有一天，同事介绍了个开进口健身器械公司的高富帅，本人还是业余马拉松运动员。

高富帅一见西西里，便被她冷艳的气势镇住，尝试了几个普通话

题，比如"平时忙什么"，"有何业余爱好"，她惜字如金，一两个字，就把问题回答。

他想，可能她不善言谈吧，但不能冷场啊！还要找些有意思的话题："哎，你们公司 LOGO 上的那匹马，是向左跑还是向右啊？"此问题纯属调侃。但西西里一听这话，心里立刻给男人打了个叉——问这种问题，智商太低了！于是淡淡说："大概向左吧，我没太留意。"

高富帅见她冷淡，觉得无趣，心想也许该再换话题来搞笑，所以故意提了好多关于时尚的外行问题，想逗乐，但她的语气越来越轻描淡写，更加不耐烦。

最后，他黔驴技穷，没话找话："你们那个牌子是不是定价太高了啊？买得起的人不多吧？"西西里一听，小火苗蹿上来——懂不懂啊你，说这话的目的是什么？你是想买，要我给你打折吗？还是你建议我们降价？于是，彻底不想聊了，推说有事，告辞。

第二天，西西里上班，见到给她介绍对象的同事，第一句话便是："你怎么介绍了这么个人给我？"

黄色不喜欢闲聊，认为闲聊就是浪费时间，偏偏这个男人是红色，最怕沉默和冷场，所以，为了能够让气氛活跃起来，使尽浑身解数，不停地没话找话，随意抛出很多提问，希望能与她互动。

> 外人以为的黄色性格挑剔，其实是与生俱来的批判性。要想黄色性格不批判，只要这人在尊重黄色性格的同时，有主见，对事物有独到看法，讲话不啰唆，黄色性格就会感觉到棋逢对手般的爽。

黄色的凌厉，给男人莫大的威慑和压力，被这样挑剔和批判一番后，不少人快速阵亡，黄色无所谓，权当自己是独孤求败，遇见了一场不值一提的挑战罢了。

黄色知道自己要什么，在挑剔的方式上，常用排除法。黄色善于总结经验，比如说前任。如果尝试过爱美孔雀男的自私，下次相亲遇到同类，黄色首先会将他踢出局；如果前任是脾气糟糕的怪咖，那么下任只要脾气不好，就坚决拜拜。这点，跟富有幻想及天真的红色完全不同，红色会因其他条件不错，反复纠结，能不能再试一次啊？说不定这次就行了呀，故此，往往会二度受伤三度受伤四度受伤屡伤屡恋，屡恋屡伤……而黄女绝不会。所以，黄女不易吃回头草，长得像的草，也不吃。在这点上，红色健忘，刚好深深响应了《性格色彩恋爱宝典》中，我重墨写过的红色超级无敌的特点——好了伤疤忘了疼。

找对象挑三拣四的人应该怎么办？答案是：知行合一。

关于"知"，你需要知道的是：

第一，分清梦幻与现实。

找到并爱上梦中情人，没有想象的那么简单。寻找完全符合条件那个人的过程，想象起来，无比浪漫，令你神往。所以，梦想无法实现，

如果你有了成熟的爱情观，必会懂得，生命中我们常常需做出适当妥协，不能苛求一定找到心中那个完美的人，说白了，你心中那个完美的人，在现实中，并不存在。在一个不完美的世界里，寻找完美，本身就是充满风险和错误的。人生没有完美，只有取舍。自己要知道最重要和最宝贵是什么，拿稳就行了，不要样样想要。

第二，找到一个平衡点。

多数人的梦幻对象，都是影视造出的偶像。影视剧总会创造出相应情节去满足你的心理，助长你的幻想。可只是看影视，现实中你还是找不到，难免让你虚幻绝望。所有梦幻，最终要落在现实中，如何在白马王子和复杂现实的真人两者的差异中求得平衡，需要你的成长和成熟。

也就是说，你要调整自己的择偶标准。你要找的人，符合一部分你的理想，同时，也有一部分缺点，你可以接纳。

如何才可以找到这个平衡点？

怀旧船长在小说《相夫》中写道："对他人的期望，必须建立在对自身客观评估之上，对自身全方位的认识，比对他人的要

求更重要。'相人'的过程，就是自我认知和发现他人的过程。多看自己的缺点和别人的优点，会更容易找到情感契合点。"这个观点，与性格色彩强调的，在认识他人前，先要认识自己，不谋而合。

你越能清晰地洞见自己是谁，越能接纳对方的缺点——因为你自己也不完美，你们不可能生活在虚幻的想象中。在完全不同轨迹上生活了几十年的两个人，想一起生活，无须磨合，直接就永远生活在蜜月，可能吗？

关于"行"，你需要做到的是：

第一，找到对自己影响最大的问题。

挑剔这事，你不用学绿色的人，因为绿色没要求；你要学习黄色的人，黄色有要求，同时有个最大优点——永远知道什么对自己最重要，而"抓大放小"正是黄色之所以能做到不挑剔的关键。

> 挑剔的人，要学会的救命法宝只有一个，
> 就是彻底搞清到底什么对自己最重要。

贪心的红色啥都想要，最后，啥都得不到。

人家黄色，脑子清楚得很，我只要那个最重要的，不重要的，我就包容，或者，直截了当明明白白说出来希望他改，如果我接受不了，或他无法改变，那就离开，就这么简单。

怎么找呢？你可以拿张白纸，脑海中逐一回忆自己的恋爱经历，把历任对象身上你不喜欢的和你不能接纳的点，都写下来。

合并后，再排序，看看最不能接受的是什么，其他，相对可

忽略。

当然，这件事，要在你的"知"完成后再做，也就是说，你须先认识到世上完美的人并不存在；也先认清自己几斤几两之后，再来做这个动作。否则，你又会重回挑剔，认为所有缺点你都无法容忍。

第二，找到自己最重视的伴侣优点并放大。

根据你的成长背景，你的人生目标，你要的生活方式，想一想，在你对理想伴侣的要求中，最不可或缺的是什么，写下来。

写下以后，再想想，如果一个人拥有了你最重视的这几个特点，你和他在一起时会怎样？当你拥有这些正面、美好、积极的想象后，那些并不重要的缺点相对就容易接纳。

比方说，你最希望伴侣温柔，对你来说，这一点比天大。那么，不妨想象，当你和温柔的伴侣一起生活时，他会如何体贴你的辛劳，如何照顾生病的你，如何如沐春风地与你交谈，虽然温柔的伴侣，可能普遍缺乏刚猛，但当你享用了他的温柔之后，再看看他可能会有的优柔寡断、步缓行迟、行事退让，是否能多点接纳呢？

当我们注定无法找到完美的伴侣，那么，就要更加确定，对自己而言最重要的是什么，将自己最想要的这个优点放大，而适当减少对缺点的关注，多看看伴侣的好。

第三，在相处中全面认识对方。

也许目前已经有人在追你，你不妨把追求者一一拿出来思考，哪些人或许具备了你最在意的特点，只是由于你的习惯性挑剔，而裹足不前。

现在，经过前两步，你会更关注你想要的，而较包容地看待对方的缺点，可与他在继续交往中，深入考察，随着感情升温，你会更积极，逐渐摆脱挑剔的泥沼。

如果暂时你没有可选对象，那么，当你遇到可考察对象后，去看对方身上是否有你最想要的，以及对方的缺点是否可接纳。当你发现自己又开始挑剔时，回头，重复做前两步，让自己向更积极的状态前进。

05

寻觅感觉
——择偶要求说不清

　　你如果问我两个人没能继续下去的原因是什么，作为一本性格分析的专著，标准且正确的通用原因，必然是——"性格不合"。但在现实生活中，大家嘴上说得最多的，是一个更好用的说法，非常诡异，号称——"没感觉"。到底"没感觉"是怎样的感觉？说这话的人需要感觉到什么感觉？这个问题，倒的确是个问题。

　　很遗憾，说"没感觉"的人常常憋了半天，还是讲不清道不明到底她想要的是什么感觉；听的人也不得其法，想来，如果直接说这个男人矮矬穷，显得不厚道，而"没感觉"这三个字，短小精悍，可解百毒，拒绝对方，乃是上佳。感觉，堪称最奇怪、最特别、最诡异的择偶条件。

　　你或许觉得"没感觉"太矫情，但平心而论，世上很多东西的确只可意会不可言传，虽然摸不到，可不代表"感觉"不存在。

　　其实，男女之事，"感觉"，首先建立在外表，通常一眼便有数。第一面，让你心旷神怡，未必和你白头到老；第一面，让你大倒胃口，多无机会和你厮守终身。从人性来讲，很多时候，"感觉"就是悸动，你看到这人，心底会不会有继续亲近的欲望，这种感觉，谁都心里有数，只是人们不好描述，也不好提及。

　　除了人性最核心的需求，现在，你须问自己，当你说"感觉"时，你知道"感觉"是什么吗？

宿舍里四个同学看《来自星星的你》，见都敏俊从天而降，挡在女主悬崖车边，煽情的音乐走起，四人反应不同。

♣ **红色性格**：情感丰富外露，痛哭流涕，被剧情打动，然入戏，迅速代入，"什么时候，这能成为我的爱情啊"。

■ **蓝色性格**：情感细腻内敛，强咬嘴唇，内心翻江倒海，外表不动声色，极力克制，思考什么是真正的爱情。

▲ **黄色性格**：情感不动，边看边想，影片拍得不错，逻辑清晰，黄色最爱剧透，喜欢先看结果，带着结果评判前面的剧情、镜头、演员等好不好。

● **绿色性格**：情感平静，反正陪大家一起看，大家都哭，不妨陪大家一起哭。

故此，总把"感觉"二字放在嘴边，是红色和蓝色的专利，因为这两种性格的情绪波动最大，感受最丰富。相比之下，黄色和绿色，不易被情感和情绪干扰，感受没那么丰富，提"感觉"二字的频率，没那么高。

绿色性格——你有感觉，我就有感觉

绿色最在意人际关系的和谐，只要有可能引发丝毫冲突的事，就绝对不碰。但是，绿色天性不细腻，感受迟钝，不仅揣摩不出对方想什么，连揣摩的欲望也没有。

绿色相亲后，你问她"感觉如何"，回馈无比平静，"还行吧"

或"噢，先交往看看吧"。有趣的是，绿色的感觉强弱，是以他人的感觉为基准。正所谓"人强我就强，人弱我就弱，人有我就有，人无我也无"。

　　樱桃在成都工作，生性温顺，来者不拒，每到周末就收拾整齐去相亲。相完后，介绍人问："感觉怎样？"她说："还行。"介绍人追问："还行就是想要下次再见面？"她憋了半天憋出一句："嗯，那，他感觉怎么样呢？"

　　如果介绍人说："他感觉你很好，很喜欢你。"樱桃就会说："嗯，那，不错呀，我也觉得他蛮好。"如果介绍人说："他觉得还可以吧，就是你太文静了，都不讲话。"樱桃就说："哦，那，我就是这个样子，我也没有办法。"总之，你要想问出她自己的感觉很困难。

　　后来，樱桃谈了半年恋爱，对象说："都半年了，该结婚了，我去你家乡见见你爸妈吧？"樱桃就把这个男人带回家。一进门，发现男人个子矮，长相一般，老妈的脸就拉长了。老爸客气地聊天后，发现男人和自家相距甚远，老爸也不讲话了。

　　这个男人感觉气氛很冷，努力想说点笑话调节，几次尝试，屡屡受挫，午饭后，匆匆告辞。

　　樱桃送走男友后，被爸妈警告："不要再和这人来往！"樱桃没答应，也没反对，心里想："这人挺在乎我的，我跟他分手，他不是会很伤心吗？"

　　回到成都，男人约樱桃见面，樱桃推说忙。约了几次无果，男人不再约了。介绍人又打电话给樱桃："你俩怎么回事？他居然跟我说，对你没什么感觉，怎么搞的？"樱桃听到这话，大大松了一口气。

　　过了一阵儿，两人连电话和短信都没了，樱桃便翻过了这页，心里也没多大的感觉。

黄色性格——无法量化的纯感觉，没用

　　相亲，多数是以结婚为目标的相识。红色和蓝色，在相亲中很难找到"有感觉"的人，共同原因是，这两种性格，目标都不如黄色强。

　　黄色太清楚自己要什么，只要能拿到最重要的东西，其他无妨，可慢慢修正。相亲前，就清楚此行目的，不做无目的空谈。如果遇到黄男，两人爽快，恨不得五分钟内决定结婚。如果碰到红男，黄女就会变身主持人，时刻要把话题拉回轨道。

　　所以，黄女擅用的择偶法就是，衡量经济实力、家庭条件、教育背景、职业发展等条件是否合适，合适则谈，不合，看对自己的事业有否帮助，别白跑一趟，如果都不行，赶紧走，甭浪费时间。

　　假如要尽早完成婚姻，唯有黄色可把它当成任务去完成。即便黄女对相亲不感冒，对频繁相亲的人鄙视，但假如黄女自己需赶紧完婚，相亲若最高效，她会毫不犹豫地拿出创业的心态，投入相亲大业。

　　朋友是相亲网站的CEO，每次和新伙伴见面，都要讲述网站一名极品女客户的"战绩"。极品女注册时，四十二岁，忙于事业，来这里，是决定腾出一部分工作时间，把结婚这事快速搞定。她先成为高级会员，花了一个月，扎在网站做数据分析，什么样的男人资料最真实，什么样的男人可能隐藏实力，什么样的男人可能吹牛……然后，按照自己最在意的条件搞了排序，最终筛选出符合基本条件的三百个男人，逐个约见，一周见四个男人，一年见了两百个。第一关通过

的，大概30%，进入第二次见面。到最后，符合她终极标准的，交流较长时间的，只剩三个人。这三人，她分别约不同的日子，带对方见了爸妈，最终圈定一个，结！

为何这位奇女子能把约会当成 ISO（国际标准化组织）标准来考核、打分和评选？为何她选男人，就像菜场挑菜，这样的爱情，能有什么感觉吗？当然！这就是性格的不同。

> 红色性格和蓝色性格，觉得她们要的很简单，只要感觉罢了，殊不知，即使再困难的条件，也有"客观标准"。神圣的爱情无法量化，但婚姻这个被世俗条件影响的东西，无法量化的"感觉"，才最艰难。不像黄色性格，抓大放小，关键条件合适，一些在其他女人看来不舒服的感受，小节可忽略不计；如果拒绝，必有明确理由，准确简洁地直接说出，毫不拖泥带水。

红色性格——"感觉"，就是被呵护和被照顾

红女情绪波动大，感受丰富，对"感觉"的要求相比绿色和黄色多很多。那么红色要的"感觉"，到底是什么？

其实，红女自己也搞不明白她的这些莫名其妙的感觉是什么，有什么规律，因为红女搞不清楚自己到底要什么，从学历到身高，从财力到长相，甚至身上的味道，都会有她们的标准。但这标准是什么，随机性太大，得看当时的心情。红色最容易挑剔和嫌弃别人，自己身上的问题，那都不是大问题，是事出有因，你爱我，就得完全接受我，但你身上的问题，那可就都是问题喽！

红色感觉的第一步，请相亲者避开讨厌点，至于讨厌点是什么，

抱歉，我也说不清，看感觉喽！想要"宠我"，还得看你有没有资格宠。达到入门标准后，才有机会得窥红女的下一种感觉。

红色内心有个小秘密——希望全世界把自己当公主对待。小时候，公主与王子的爱情梦幻童话，让很多红色中毒，这种渴望，会以各种不同的包装出现。譬如，有的说"我不美，但我内心纯净，这个社会已经绝种了，我希望他能发现并珍惜"，有的说"我外表是女汉子，内心住个小女孩，我希望他不被外表迷惑，看到内在的我"。听上去貌似，女人心，海底针，阴晴难测，无法捉摸，事实上这些都是假象，红色根本没那么复杂，其实她们要的，是一种自己被捧在手心呵护的感觉。

红色要的第一种感觉：爱我疼我宠我。

一家广告公司的运营总监娜娜说："我离婚七年，这七年来，我也要过男朋友，我也伤过别人，别人也伤过我，我是真想找个爱我、疼我、宠我的男人过日子，要有这种感觉是不是太难呀？我身边的朋友都笑我，说我都三十三岁的人，怎么还幻想爱情？可能我们这个年纪的女人看太多穿越小说，一直都相信那种纯真唯一的爱情吧！我是不是太傻了？"

《河东狮吼》里的月娥说："从现在开始，你只许疼我一个人，要宠我，不能骗我，答应我的每件事都要做到，对我讲的每句话都要真心，不许欺负我，骂我，要相信我，别人欺负我，你要在第一时间出来帮我，我开心了，你就要陪着我开心，我不开心了，你就要哄我开心，永远都要觉得我是最漂亮的，梦里也要见到我，在你的心里面只有我。"就是这样了。

江湖上流传的"女人想要找个如父、如兄、如子的男人"，指的是像父亲一样宠她、像兄长一样疼她、像儿子一样无条件爱她的男人，这恰好满足了红色的需求，现在你知道为何这话会流传这么广了吧！

红色要的第二种感觉：细心照顾。

在奢侈品零售业做店长的艾米莉说："相亲多次都没感觉，前几天公司开部门会议，我走进会议室，刚坐下，一个新来的男同事对我说：'别坐在风口上。'我抬头一看，原来我刚好坐在空调出风口下面。瞬间我有一种被'shock'的感觉，觉得他很会照顾人，很细心。可惜他已经有女朋友了。其实我要的就是这种感觉呀！为什么那些相亲的男人不能给我呢？"

恋爱经验不丰富的单身男人，要做到细心照顾女性比较难。对这方面特别在意的女人，往往容易被已婚男人或名花有主的男人吸引，除非遇到蓝男。不过蓝色在相亲时，也不会展露自己的细心照顾人，彼此不熟，没探测过对方底线，怎能轻易行动。

常听到红色相亲后的说辞："这人工作，还行，就是长得抱歉""这人个子还行，就是秃顶""这人其他方面都可，唯一问题就是离过婚""这人看起来顺眼，但半天憋不出一句话，要闷死""满脸冒油，亲嘴怎么亲得下去啊！""白袜子配皮鞋，品位太差了"，等等。

> 红色性格最易站在审判者的角度，却往往忘记了自己其实也会被审判。

蓝色性格——我的"感觉"，你感受到了吗

蓝色会从细节去观察一个人，尤其当她们对某人留心以后，会更细致地去揣摩他的想法，她们以己度人，觉得对方也会这么做，一旦发现并非如此，便会失望。

素素和一个男人经朋友介绍认识，男人开朗成熟幽默，素素欣赏这

个男人的见识，同时，素素容易悲观，男人很乐观，能把她从负面情绪中带出来。以素素的性格，能有第二次见面，说明感觉OK。两个人最后掰掉，是因为一件小事。

有一次，素素加班，她先精心选好了一家餐馆，跟男人说："那个地方不能预约，你先去等位，我预计7点30分到，如果7点15分后有了位子，就点菜吧！"

7点30分，素素准时到，男人也在位子上，菜也点好了一会儿，刚好上菜。素素发现其中没有自己爱吃的菜（之前她和男人吃饭，每餐必点），内心失落，但什么也没说，对每道菜都动了几筷子，吃的量比平时明显少。男人问："是不是胃口不好？"她说："不是。"男人说："是不是我点的不合口味？要不你再点几道？"她说："没有不合。"男人说："是不是这里的环境气氛你不喜欢？要不我们吃完，换个地方？"她说："吃完我就回去加班了。"男人搞不懂她在想什么，总觉得不对，吃完饭后，男人想送她回公司，她婉拒。

后来，男人再约她，她便不肯出来。男人不死心，拐弯抹角花了很大力气，托朋友去问，到底什么地方不满意，她只回了三个字："没感觉。"

与红色不同，蓝色的"没感觉"，并不是期待对方为她创造一种"感觉"，而是希望对方感觉到她的"感觉"。

比如这个素素，她跟男人吃过几次饭，男人爱吃什么，不吃什么，记得非常清楚，她认为男人如果在意她，定会把她的喜好记清楚。当她让男人先点菜时，理所当然地认为男人会点她爱吃的菜，当她发现没有时，内心双重失落——男人竟是个不懂察言观色的人？抑或他根本不在意自己的喜好？更糟的是，男人发现她吃得少了，不断猜测她不满意的原因，却一个也没猜对，这更让她觉得，两个人难以交流，遑论默契，于是得出"没感觉"的结论。

其实，这事也许有另一种可能，男人是红色，对红色而言，享用美餐，最重要的是体验，要吃到之前没吃过的好东西，不点之前吃过的菜，只是出于追求新奇而已，不能跟"在乎不在乎"画上等号。遗憾的是，由于她"没感觉"的定义，两个人已经没机会了。

那么，到底蓝色要找的"感觉"，是怎样的"感觉"？

蓝色坚持完美主义，择偶上很难跳出自我设限。红色会觉得后面可能有更好的人等着自己。两者的差别在于：红色如果找不到更好的，可以暂时先谈着，骑驴找马，总比一个人痛苦孤寂好；而蓝色如果认为这人达不到自己百分百的要求，为了自己在精神世界中所憧憬的那个人，愿承受煎熬、压力和痛苦，宁可永远一个人。

对于男人的身体，蓝女选择的标准复杂而多样，她们未必喜欢施瓦辛格的肌肉，但感觉上希望宁可瘦削也不可大腹便便。

在气质上，蓝女的选择宽泛。钟情的是男性的成熟、深邃和含情脉脉；而红女对肌肉男的喜好远胜于蓝女，那是因为，蓝女骨子里认为，面子和里子不可共存，肌肉发达的人倾向于头脑简单，宁可要思想深邃的病夫，也不要思想空洞的肌肉男，那会让自己很肤浅。

蓝女悲观，她们不希望自己永远低沉严肃，故此，她们喜欢红男的激情和快乐。她们虽然不喜欢红色的疯癫和炫耀，可她们需要红色的张力让自己活化。

蓝女钟情于蓝男的精深。如果说红女对蓝男的思想，是崇拜和痴迷；蓝女对蓝男的思想，则是欣赏和景仰。

蓝女佩服于黄男的自信和执着。尤其，有时黄男傻乎乎的愣，对蓝女有超乎寻常的吸引。

蓝女看待绿男，绿男的平静，能让自己安静，得到"我知道我安全了"的感觉，记住，是"安全"，而非"幸福"。

蓝女心目中最标准的大众情人的样子，有点像梁朝伟，柔美、忧郁、带点艺术气息，相比之下，《黑客帝国》中的基努·里维斯，虽然有着相同的蓝色气质，多了点狂傲不羁，还是梁先生的斯文，力量更大。至于汤姆·克鲁斯和莱奥纳多这等红色，看看就行，就像你从来不会听到蓝女说，她的梦中情人是喜剧笑星金·凯瑞。对蓝女来讲，悲伤的调调，比谐星更有吸引力。

蓝女是四种性格中最保守的，譬如，关于爱侣之间的性，她们既羞于交流，也耻于交流。由于她们的保守，她们不希望在婚姻中寻找太张扬的男人。她们潜意识总觉得世上漂亮英俊的男人不可靠，没有安全感。红色是四种性格的女人中最好色、最"外貌控"的，她们喜欢外在美，易被颜值吸引；黄色通过掌控一个外表有震撼力的男人，可凸显自己的成就；绿色本身对什么都无所谓。

> 蓝色性格最麻烦，欣赏美丽的外衣，对感觉无比重视，可惜，缺少安全感，自信不够，不敢下手，所以，大凡蓝色性格女子，从未有人用"大气"评价。

本文只是希望你能正视自己的感觉，并且安心区分哪些"感觉"是正确的，是自己必须的；哪些是你自己造出来，可有可无的。因为你经历的情感越多，见的人越多，你越会发现要想找到一个能理解你所有"感觉"的人，你要去天上。

随着你的成熟（与年龄无关），你会发现你说"没感觉"的时候，只是你放大了自己的感受。当你放大了自己的感受，你会对那些你以为不尊重你感受的人不爽，其实，那可能是你的问题，并不是别人的。

假如你爱上了一个人，而她对你"没感觉"，是否只能听天由命，等待奇迹发生，还是有可能人为地制造感觉呢？

答案是：假如你不学性格色彩，可能没戏，只能等待天降奇缘。假如你懂性格色彩，尚有无限生机。

♣ 对红色性格——制造浪漫的感觉

如何制造浪漫，小说和影视中的桥段太多，具体的手法都可借鉴。前提是，你要先确定她的性格是红色。红色骨子里喜欢浪漫。但在搞浪漫前，你需要了解她是否已被很多类似的手法追求过，这点更为重要。因为红色喜欢新奇，假如她已经被人送过很多玫瑰，也被人邀约看过冥王星，那么，你再送再约，就属于重复的无效浪漫，拾人牙慧，还不如你亲手为她调制一瓶酸奶或送她一只刮过毛的香猪崽，可能更浪漫，更具冲击感。

■ 对蓝色性格——体察细腻的感觉

对蓝色付出前，最重要的是观察，看到她的一举一动，也不让她因你的灼热视线而尴尬，是第一步。其后的所有说法和做法，都建立在对她的细腻体察上。她喜欢的书，她爱看的电影，爱吃的点心，你在不动声色间都了解到了，之后，在她恰好需要时，贴心的一个提示一句话，送上一点她刚好想要且需要的一点心意，感觉就在润物细无声的过程中不断验证、不断累积，直到她相信，你就是她的那个他。

▲ 对黄色性格——以她的感觉为感觉

黄色的感觉没那么复杂，也没那么隐蔽，基本上，你和她以朋友身份相处时，她想要什么，你会知道。黄色对事物有自己的取舍

脱单秘籍

性格色彩单身宝典·寻觅感觉

和评判标准，道不同不相为谋，要想让黄色对你有感觉，首先，成为她的盟友而非对头，这点，非常重要。和她有共同的看法并结盟后，便可不断展示你为她带来的价值，直至她心动为止。

● 对绿色性格——让她跟着你的感觉

绿色需要你的引导，绿色也喜欢听到有趣的内容，只是她们自己缺乏主动聊的欲望，自己的生活方式简单，乏善可陈。如果你天生是一个善于表达感受的人，或者学过"六字演讲法"，懂得随时随地即兴寻找自己的感受，并很好表达，那么，你只要不断和绿色聊有趣的内容，引导她往关系前进的方向，一切都将顺遂自然，向你希望的那里走去。

红色择偶是"宠我"，你要营造她的感觉；

蓝色择偶是"懂我"，你要感觉她的感觉；

黄色择偶是"合我"，你要迎合她的感觉；

绿色择偶是"约我"，你要带动她的感觉。

性格色彩单身宝典·寻觅感觉

06

深陷暗恋
——天下最苦单相思

不管文人墨客怎么用"衣带渐宽终不悔，为伊消得人憔悴"这样的诗句去美化，单恋者依旧逃脱不了"我本将心照明月，奈何明月照沟渠"的惨淡。假设一个人无比热衷于单恋，那只能说明，这人习惯用悲情来自我催眠和自我感动。

多数人一生都有过单恋，但单恋后能不能走出，走出要耗时多久，则取决于性格，来看看不同性格在这事上的反应。

● 绿色：情绪平稳，无大起，无大落，有了单恋，根本不表白，能爱就爱，实在爱不上也无妨，渐渐地，烟消云散，属于"拿得起，自己忘"的类型。"念念不忘必有回响"的事，压根儿没可能在绿色身上出现，因为绿色毫无执着，心里想的是，人人都有归宿和因缘，成不了，也没法子啊。这样看来，绿色的贪嗔痴不需修行，与生俱来。

▲ 黄色：首先理性评估，这人到底能不能搞定。只要有机会，想方设法，攻心掠身，不管对方现在对我感觉如何，总要设法让他喜欢我；实在搞不定，果断放手，找下个目标，没必要在无果之树上施肥耗时。对暂时没征服的人，在心里，先留个印记，日后时机成熟，假如兴趣仍在，再杀回马枪。反正这个印记，又不影响自己搞定别人，是"拿得起，放得下"的典范。

♣ 红色：如果这个红色是"原生态红"（在宽松环境下健康成长），通常会没心没肺，嘻嘻哈哈，人生哲学是追求快乐。一般情况，单恋坚持不了多久，逮到机会，忍不住就冲着喜欢的人表白："欧巴，我好喜欢你呀！"一旦被拒，悲愤难过，可没多久，就有了新的恋情。

有的"原生态红"，开始喜欢一个人，越来越喜欢，忍不住跟闺蜜分享，每次说完，最后一句结尾："我只告诉了你，千万别跟别人说。"就这样，一传十，十传百，众人皆知。然后，朋友们总当着两人的面，开不咸不淡的玩笑，红色很受用，故作嗔怒，其实，心里甜着呢。如果这个男人有了积极反应，红色就会抓紧，进一步推动；如果这个男人没啥反应，红色就会迁怒于周遭，觉得本来还有机会，现在就是被你们这帮烂闺蜜给搞砸的。

红色暗恋的男人，如果还有其他女人喜欢，红色的反应往往会是两种：第一种，看不惯那个女人所有的一切，不管做什么，有你没我，有我没你，咱们势不两立；第二种，自卑，怀疑自己没有魅力，继而对自己丧失信心，病急乱投医，东施效颦，听说男人喜欢某个明星，就拿着照片去医院把自己按这个模样往死里整。

这两种反应中，第一种，持续时间长，哪怕过不了多久，已经不喜欢这个男人了，但不妨碍她痛恨那个和她竞争的女人，这种讨厌，可能伴随一生；第二种，持续时间短，典型红色，不容易长时间自我否定，只要得到机会被人夸，开始一段新的恋情，立刻满血复活。

> 因为一厢情愿，长期无法走出，导致孑然一身的单相思，蓝色性格最为常见。此外，还有一种特殊的红色性格——在非健康环境下成长的"压抑红"，看上去貌似蓝色性格，她们要承受的痛苦、纠结及麻烦，更甚。

活在过去的蓝色性格

茨威格的《一个陌生女人的来信》，刻画了一位蓝女，长达数十年，默默单恋一个男人，直到死后，男人收到她的一封信，才获悉她内心的一切。通过这本小说，你便会理解蓝色情感隐埋之深、对柏拉图式爱情专注之久。

曾经，我的一位学员也收到过一封蓝色的"陌生女人"的来信，不过信中的男人主角并不是他。他，只是一个听故事的人。

十六岁那年，我上高中，喜欢上同桌的他。高考结束后，他考上大学，我落榜了，我选了他那所学校的自考。三年后，他继续学业，而我选择在省城打工，因为我想离他近一点。毕业后，他去了上海，我回到家乡。

虽然他离我很远，但我可以从同学那里听到他的消息，每年在同学聚会上，也有机会见面。后来，我遵从父母建议，和一个认识不久的男人结了婚。我想忘掉过去，重新来过。可婚后仍对他念念不忘，常梦到他。尽管我想做个好妻子，想努力忘掉他，但我遇到的男人却对我百般责难，最后在一次家庭暴力后，我们离婚。我还想告诉你一个秘密，那就是我和前夫结婚一年，但我们却没发生过夫妻关系。因为我们结婚前都没有性行为，而结婚后经验不足，几次都没成功，失败后他把责任归罪于我，说我不配合他，所以我不愿和他再同床。也许这也是我们离婚的重要原因吧！

分手后，我的每次相亲都以失败告终，也许是因为，那个暗恋男人的影子一直伴随着我，每次我几乎要忘掉他时，他就又出现在梦中。有一晚，梦中他再次出现，而且一晚像连续剧一样上演着各种情节。早上起来，我心情一直都不好，甚至躲在厕所里面哭。

我真的很想改变自己，因为我知道根本没有结果（他去年结婚），为了父母，也为了我自己。可他始终在我心里。有没有办法让我不再想他，不再梦到他，而去接纳别的男人呢？

蓝色的情感含蓄而深沉，当蓝色爱上一个人时，一寸相思千万绪，世间未见安排处，于是，她默默关注，就像《一个陌生女人的来信》中的那位女主角一样，下意识地想"离他近点"，却从不打扰。

　　当两人分隔两地后，蓝色没有任何举动，把一切压抑在心底。小说中的女主角，每年男人过生日时，会送他一束白玫瑰。而这个故事中的蓝女，每年过年，会借着同学聚会，和他见一面，却又始终不吐露自己的心事。蓝女明事理，知道自己不该眷恋没有回应的感情，也知道，为了父母该找个归宿，但她并没有因此将自己的情感转移到丈夫身上。

　　蓝色暗恋者建议去读一读村上春树的一篇短文《遇上百分百女孩》。小说中的"我"在原宿后街与一个女孩擦肩而过。女孩并不漂亮，却让他怦然心动，恰是他心目中理想的百分百女孩。蓝色性格的他想象了无数搭讪的方式，却都被追求完美的他一一否定，最终，啥也没说出口，女孩消失在人海中。他在幻想中编织了一个属于他和她的爱情故事，带着无限遗憾把她放在了心底。其实对于蓝色暗恋者来说，需要明白的是，理想中的百分百爱情是不存在的，暗恋正因为没有说出口而完美。

　　对念旧长情的蓝色，彻底忘怀那个曾经爱过的对象是困难的，越是强烈要求自己彻底忘记，越会时时想起，不如容许这个虚幻美好的形象存在，把它当作年少时美丽的回忆，继续前行。

　　单恋对象之所以完美，是因为距离产生美，两人没真正恋爱，看到的都是优点。这种爱，其实是迷恋。一旦没了距离，你幻想的情人光芒立刻会消失，华美的衣袍也会露出几只不经意的虱子。当你试图把安静的景仰变成生动的爱情，只会让自己营造的虚幻美梦，彻底破碎。

拿得起放不下的压抑红性格

有些红色，不像开头提到的"原生态红"。这些人，从小在受忽视或受打压的环境中生长，受巨大外力影响，成年后，情感表达不开放，把单恋的痛苦长期放心里，这种人，称为"压抑红"。如果不说话，看到她们，你会惊呼，"压抑红"和蓝色，两者实在太像。

"压抑红"只是行为表象与蓝色类似，但内心需求还是红色。蓝色单恋者，墙角独自枯萎；压抑红单恋者，不断重演飞蛾扑火的悲剧。

珊珊是性格色彩 II 阶课学员，课程结束后，终于知道了自己的问题在哪儿。

他是珊珊的初中同学，上学时，两人并无交集，珊珊对他唯一的印象是高大。大学毕业后，珊珊去上海工作，偶然听同学提起，他也要来上海。某日下班途中，迎面走来一人，她恍惚觉得很像，试着叫名字，居然真是他。这次的不期而遇，让她惊喜，毕竟在上海，马路上遇到老同学的概率不啻大海捞针。从那以后，他们经常吃饭聊天，她发现，两个人在很多事上有共鸣。

珊珊最终确定，他就是自己那个命中注定的情人，有三个巧合，起到至关重要的决定作用：

有一次看《非诚勿扰》节目，听乐嘉先生有段对嘉宾的点评醍醐灌顶，珊珊就一字字打在手机上发过去分享，刚摁了"发送"，同时，就接到对方的短信，内容居然一模一样；

他公司离自己公司近，想着要能偶遇就好了，恰好，这么想之后的第二天，真的在公司附近的星巴克偶遇；

珊珊下班换乘地铁需经人民广场站，他也在那儿换乘，珊珊有时想，人民广场那么大，高峰期那么挤，摩肩接踵的人流中，如果遇到他，就是真缘分，结果，真遇到了。

一段时间后，珊珊觉得该进一步了，但人家男人不进不退，珊珊不知怎么办。终于，忍不住打电话向他表白，希望再进一步。结果，人家说："现在这样很好，进一步就会破坏这种完美。"珊珊受不了，冲到他家楼下，打电话："我要上去见你。"电话那头，他有些慌乱："别，我现在有事，你等着，我下来接你。"珊珊瞬间冰冻，凭直觉，她觉得有别的女人。她走出小区，找了咖啡厅，等了十分钟，他来找她聊了会儿。这次交谈，毫无结果，她说不出"你家里是不是有人"，他也不提，两人胡乱聊了些，她的眼泪打转，就这么，结束了。

之后，长达五年，珊珊不再与这个男人见面，但心中无法忘怀，每每听说他的消息，都有不甘，这令她怀疑自己对男人的判断，甚至影响她接受新的男人。

珊珊最终还是没憋住，终于向男人主动表达了爱慕，即便她在前期忍了又忍，最后还是晚节不保。看到这儿，有些女孩会嘲笑她，早知今日，何必当初不直接表白，空等了许久。作为一个被严重压抑的红色，很多内心传统、观念很强的女子，都觉得这个世界应该男追女，喜欢上一个男人，只会用暗示等各种貌似很含蓄的方式去表达。

参加课程前，珊珊看了《性格色彩原理》，判断这个男人是蓝色，因为他情感的表达间接，既然他不肯主动，当然该由自己戳破！课程结束后，她重新洞察，才发现原来那个真实的他，其实是红色，过去对他的判断和理解，完全错误。后来，她从同学那儿得知，他其实一边与她暧昧，一边与其他女同事纠缠不清，他说的"完美距离"，其实是红色的情感漂浮不定。假如他真的是蓝色，在不确定开始前，根本不会释放暧昧。当然，假如他真是蓝色，那些让珊珊惊喜的小动作也不会发生，因为蓝色不喜欢给自己或别人制造意外。洞悉这一切，珊珊的心结解开。

由于爱幻想，有时红色会为自己凭空想象出很多情节，将几个巧合归结为苍天的安排，当对方只是释放出丝丝暧昧，红女已深陷其中，掉进自己给自己编织的爱情美梦。

在美梦中，红色心甘情愿地爱着那个她永远得不到的人。一场真正痛苦的单恋，在最高形式上也包括拒绝别人的拒绝，她拒绝接受别人不爱她的事实，拒绝相信那个人真的完完全全拒绝了她，坚持蜗居在自己编织的美梦中，靠着渺茫的"付出必有回报"的暗示来励志，靠着无尽的痛苦期盼来支撑。

> 暗恋者的幻想是：一旦暗恋，就会一厢情愿地相信他也爱上了我，拒绝承认这可能是自己单方面的想象。暗恋者，付出并无回报的爱，是因为幻想对方和自己有同样感受，幻想别人会回应自己单方面的爱。悲哀的是，她们期盼的回应，常常落空。更悲哀的是，总被自己精心制造出的执着的爱的假象所愚弄，顾影自怜，自我感动。

好在，珊珊的暗恋还没那么严重。像她这样"压抑红"的单恋者，最大的痛苦并不在于过去那人多么完美，而在于，她在过去那段情感中，有些疑点没解开，有些纠结始终困扰，这些委屈、伤心、不甘，才是她走不出的真正原因。

最后，给天下所有痴迷于暗恋的人，送上"脱单秘籍"。

第一，不求回报的爱，不存在。

在 19 世纪的阿拉伯诗歌中，经常会赞美那些自愿勇敢接受单恋的痛苦和辛酸的人，那时的人们觉得，理想中的恋人遥不可及，真爱，就是对理想爱人不求回报的奉献。请记住，那是 19 世纪，如果你这么沉醉于自己营造的单恋的悲剧美和想象美，请火速穿越到那个时代。

第二，可有所求，但莫强求。

要经常认真学习阿 Q，每天对着空气呐喊，"人生自是有情痴，此情不关风与月"，我爱你，与你无关；我爱你，就是为了自己意淫。没事，想想胡适的诗安慰自己，心理也会平衡很多："也想不相思，可免相思苦，几次细思量，情愿相思苦。"因为，爱情中的苦，并不来自"爱"，而是来自"求"；你并不因付出而苦，而是因求而不得而苦。你心里想的是，"我要你爱我，我要你回报我的爱，我要'你对我好'比'我对你好'更甚"……如此这般，难免煎熬如影随形。世间之事，常事与愿违，求而不得，必定心生烦恼，所谓"有求皆苦，无求乃乐"。

这就是为何很多人在情事遇挫时，饥不择食，赶紧拿一堆疗愈的书或情感催眠鸡汤，虽然问题并未解决，可当时迫切渴求有人同情自己的遭遇，跟自己站在一边，齐声呵斥负心汉，管它什么结果，至少这样可以取个暖，求点心灵安慰。

第三，把仰慕变成进步的动力。

鉴于世事难测，你这场单相思的最终结果，谁都不得而知，你若当下走不出，为自己那单向的痴爱深深感动，那不如趁此机会，成为更好的自己，哪怕结局是曲尽人散空别离，空叹悠悠我心奈何天，又如何？比如，你仰慕高富帅，可人家有女友，不搭理你，听闻他喜欢身材好的，那就在仰慕他的那段时期，努力天天训练，把他当成你的动力，把腰练细，身材练好。有一天，即便你已对他没了兴趣，但好身材依旧归你个人所有，至少留下自己的那份资本，至于是藏拙示弱还是媚惑天下，到时完全取决于你的心情。

第四，最优秀不等于最适合。

郎情妾意时，彼此常常互问："你为何爱我？"最糟糕的回答，莫过于"因为你优秀"，网上流行的这话，可能会把你害惨。除了黄色认为强者值得尊重值得爱，其他性格的内心并不这么想。多数暗恋，都因对方优秀，譬如帅、成功、才华、能力……但他优秀，不等于你们合适。优秀本身，是个变量。你遇见的只是你当下认为优秀的，有朝一日他不优秀了怎么办？你遇见更优秀的怎么办？所以，当"优秀"被放大成核心条件，难免让别人怀疑你爱情的真诚。在你的一生中，世上至少还有八万四千人适合你，你要做的，就是慢慢试，找到那个适合的。

> 世上有一个人会永远等你。无论是在什么时候，无论你在什么地方，反正，你要知道，总会有这样一个人。

07

活在过去
——放过自己放过他

有些人单身，是因为忘不了前任，故此无法走入新的情感，给自己戴上了一副无形枷锁，禁锢自己的幸福。

走不出分手的阴影

恋爱时，突然被分手，不同性格会有什么反应?

♣ **红色性格：** 各种情绪明显表现，如痛哭、倾诉、狂吃、买醉、乱购、自伤、挠墙、仰天长啸……

■ **蓝色性格：** 曾经的美好和痛苦都会无限放大。对自己的投入怀疑，对自己的眼光悔恨。靠自疗，慢慢缓释。

▲ **黄色性格：** 瞬间想反击，凭什么你甩我? 要甩也是我甩你。迅速做评估，到底值不值得我争取? 如果没价值，散了也好，以后，让他后悔。

● **绿色性格：** 表现最平稳，因为恋爱时没那么狂喜，失恋时，痛苦也没那么撕心。

我是苹果，今年三十二岁，谈过一次一塌糊涂的恋爱，却影响至今。

大学这场恋爱，因两家观念不同造成争执，起因就是结婚。我家希望早日结婚，他家不同意，觉得事业没起色，暂不结婚。还有，我家很传统，希望直接结婚，不要婚前同居。我个人也希望结婚，因为他是初恋，我一直认为我这辈子只会恋爱一次。

这个阶段，我从他家坐了八小时火车，回家看我外公最后一眼，却发生了车祸，我九死一生，他在五天后，才来到我的病床前，照顾了我几天，我气呼呼说分手。他就走了，可在我心中留下了一个无法解开的疙瘩。我不明白为什么北漂两年多相濡以沫的日子我可以感觉到，可面对生死，爱情就不堪一击？

后来，我单身两年，终于鼓起勇气去找他。我觉得不面对这个问题，我永远无法放弃这段感情，无法开启新生活。那两年，我一直抱着他会回来找我的心态等，所以很多追求者我都拒绝，可我一直等不到，直到爸妈逼婚，所以我去找他。可我没想到，他有了一个新女友。我现在无法描述我当时的心情，瞬间空了，什么都没了，恍恍惚惚不知去哪儿。这就是我的爱情，我傻傻爱着一个男人，发现他已经不爱我了，我问他会爱我吗？他说不爱了，都是过去了。他说，他所有的痛苦都来源于我，现在他放下了，可是，我才刚刚失恋。

后来我打电话，他不接，我就再打。我很想知道为什么他不爱我，而我还一如既往地爱他，甚至心里装不下其他男人。最后，他接了，居然说："你烦不烦？到底有完没完？"

这事过去四年了，四年来，我一次恋爱也没谈成，我一直等他回心转意。当他说出"你烦不烦"那句话，我五雷轰顶，想自杀的心都有。这么多年，我为他投入的感情不是白白浪费了吗？谁来补偿我？现在，当他不爱我的时候，我还苦苦地爱着他，这多不公平！他现在享受着温柔乡，而我却仍旧为他深深痛苦，我想报复他，毁了他，我不知道这样的想法是否正确，救救我。

因结婚问题和男友产生分歧，如果苹果的性格是黄色，解决方法很简单，直接挑明，你到底结还是不结？结就定日子，不结就分开，别拖泥带水，何必耽误彼此。还有更一厢情愿的做法，以为只要两人有了孩子，就一定可以牢牢把男人拴住。

幸好，当苹果情绪崩溃的时候，她选择了向专业人士求助。经过咨询和梳理，苹果认识到一切问题来源于自己，她不再怨天尤人，而是直面自己性格最恐怖的那一处——情绪化。

通过专业性格咨询师的建议，她逐渐开始修炼自己，先从随时随地觉察自己的情绪开始，每天写情绪日记，记录自己的情绪波动，当情绪化汹涌澎湃时，通过运动、舞蹈、找人倾诉来化解负面情绪，当情绪平静时，树立目标，积极地从事自己感兴趣的工作和学习，就这样，她逐步走出了情绪化的深渊。

走不出前任的阴影

另一类红女，失恋后，连喘口气都胸胀不已，为了让自己尽快逃出呼天号地的揪心之痛，就每天念着太上老君急急如律令，下任男友，你在哪儿啊，快快出现，以新代旧，可忘前任，但几次恋爱谈下来，还是觉得前任最好，但又无法复合，陷入绝望。

一位叫橘子的学员在性格色彩婚恋课前，写来长信，诉说她的困境。

离婚后的那段日子，我时常买醉，不知自己是命不好还是做错了什么，落得如此下场。这时，思明出现在我身边，陪伴我安慰我，他内敛而有魅力，比我大二十多岁，按照性格色彩分析，应该是比较谨慎的蓝色。他满足了我对完美男人的一切想象，我渐渐为他着迷，深陷其中、难以自拔。

他和前妻七年之痒后离婚，异常惨烈，为了结束婚姻，他把大部分财产都给了前妻。他很疼惜我，说我唤醒了他内心深处的激情。而极度寒冷的我，在他身上找到了温暖。因为年龄差距，他身边的亲友都不支持我们。那时，我很痛苦，因为忍受不了无边的等待与孤单，有时会想走极端。在犹豫的日子里，我意外宫外孕，由于救治及时，捡回小命。我的父母得知这事，并没过多责怪，可我十分惭愧，我告诉思明，要么马上结婚，要么放了我，让我去寻找自己的幸福。在住院的这些天，他一直没给我明确答复，于是，我毅然决定放弃。

出院后，我没再和思明联系。为了赶紧忘记他，我到处相亲，偶遇小学同学，他说在上海开公司，让我过去帮他。我正好处于职业瓶颈期，向他倾诉一番，一来二去，我们好上了，正当我打算与他深度交往时，发现他的公司完全子虚乌有，遇上个大骗子，我十分痛心。

这时，我打网球认识了一个球友，同岁未婚，家族生意继承人。他热烈追我，也不介意我的婚史。见了几次，说要娶我。由于前车之鉴，我不敢答应，只说试试。开始对我百依百顺，找回了我大学时恋爱的感觉，但好景不长，他便流露出本来面目：脾气暴躁，控制欲强，他内心的不成熟与自由散漫，让我没有一点安全感，我忍无可忍之下，提出分手。

生活又回到了一个人，无边寂寞占据了我的全部，看不到希望，也不知道活着的意义。静下来后，我每天都思念一个人，就是思明。兜兜转转，还是觉得和他在一起最舒服，他既像父兄，也像丈夫，给了我从未有过的安定感，只要和他一起，就会觉得平和，于是，我又主动找他。他告诉我，已有了新女友，和我只能做朋友，我理智地接受了，但情感上，我不能骗自己，我心里还是喜欢这个人，哪怕他只以朋友身份用言语抚慰我，也能让我更有动力。但我不能和他一起，我只有麻痹自己，才能日复一日地把青春消耗。也许，他在我的印象里太深刻，我发现我已不能爱上别的人，我该怎么办？

　　　　因情感痛苦而买醉，常见于红色。她们的情绪，需要向外发泄，急需有人听自己倾诉，所以，把情感投注在这位有魅力的倾听者身上。两个人恋爱后，橘子的情绪波动很大，快乐时为他着迷，痛苦时恨不得跳楼。对这个恐婚的男人而言，是否要和橘子共度一生，他无法轻易地快速决定，但可惜，像橘子这样的红女，通常无法耐心等候，她们心里的想法是，与其情绪煎熬，不如快点了断。

> 因为难以抵御寂寞，四种性格中，红色性格最容易吃回头草和旧情复燃。

所以，橘子忍不住又和前男友联系了，给了自己的情感一条退路——即使没有男友，也有这么一个蓝颜守候，给自己暗示，不需彼此磨合，无须承担家庭责任，这样，让本来在压力下就容易退缩的红色，更有了止步不前的理由。

这个故事中，你会发现红色眷恋旧爱，呈现如下特点：

1. 如果仅仅是因为旧爱情结未了，一直不肯接受新感情，并没有另外的因素影响，那是因为新欢还不够好，时间还不久；

2. 如果一有新对象，就把旧爱拿出来比，只能说明，旧爱在情感中已成标杆，此后很难将就；

3. 如果新欢各方面都胜旧爱，且比旧爱对自己更好，疗伤时间大大缩短。

问题该如何解决呢？分手后还要不要和前任情感交流，不同的人会有不同选择，没有绝对对错。对"拿得起放得下"的人而言，这事毫无障碍；对"拿得起放不下"的人而言，这是灾难。

假如你暂时不能放下，仍旧需要依赖前男友的关怀来度过黑暗瞬间，务必谨记以下原则：

第一，分清主次。

把重心放在开发新恋情上，前任的安慰就像止痛药，偶尔吃口没事，吃多了，神经麻痹、行动力退化，最终，变成缩在旧爱壳中的蜗牛；尤其当你是那种"拿得起放不下"的人，越联系，越上瘾。

第二，做好准备。

若有一天，前任的现女友与你狭路相逢，请莫哀叹"他在乎她，多过在乎我"，影视剧中，那种"他弃那人于原地而走到你面前带你飞奔而走"的画面，看过就算，千万别信。多数情况，生活的真相都是人家对你立即断奶，任你独舔新伤。

假如，你为了更好地开始新生活，而不再与旧爱交流，恭喜你，你破釜沉舟切断了退路，让自己更能全身心投入未来，不错哟。旧爱不去，新爱怎来？虽然暂时你可能孤独，但无论多么深的伤痛，日子久了，也会淡忘。

读到此处，你想到自己的旧爱了吗？

天下失恋者，在失恋初期的痛苦岁月，每天都做梦，梦到对方能够念起自己的诸般好，回心转意。可随着时间推移，自己应该心里越来越清楚：这一天，是永远也不会到来的，只是，你自欺欺人，不愿承认而已。

失去旧爱后，你千万不要做的事：

恶举一：挥刀伤己，拔刀伤人。

当人家明明白白地告诉你"我和另一个人走了"，这时，理当让自己向前看，可是，天下偏偏很多人会选择自我伤害。这种做法，不但失去了自己的恋人，同时，还会失去自己，是双倍赔本的愚蠢买卖。而最笨和最不能原谅的是，居然还有人会去选择伤害那个已经离自己远去的人，那只会使他离你更远，而你本来是想离他更近的。

恶举二：不要在心中留有对旧爱的恨。

既然恋爱时，我们都希望对方幸福，那么，如果他认为离开你是幸福，你就该放手并祝福，这才兑现了你恋爱时的承诺。如果你觉得他没有忠诚当初"厮守一生"的承诺，记得，那只是曾经。

换个角度想想吧，那个主动向你提出分手的人，虽然对承诺不忠，但是，应该算是对你们感情的大大忠诚。他的确没有忠诚于承诺，但他忠诚于感情。当他爱你时，他和你在一起，他不爱你了，他就离去，再没有什么，比这个更对内心忠诚了。

如果他不再爱你，还继续装作情谊深重，跟你结婚生子，那才是真正的欺骗呢。

你对他的恨，你知道真正的原因是什么吗？到底是因为恨他"和你分手的方式"刺伤了你，还是恨他"和你分手"这件事本身？

如果你恨的是"他居然和我分手"，说明你还放不下这个和你分手的人，因为爱恨间，一线之隔，想要而得不到，因爱成恨。但是，事已至此，爱恨都已无用。如果你还想为未来留下一线生机，那么就千万莫做"李莫愁"。收起仇恨，好好做自己，花若盛开，蝴蝶自来。

如果你恨的是"他分手的方式"，说明你内心深处，也没有觉得和他分手是一件多么可惜遗憾的事，只不过他不会沟通、离开的方式粗暴而愚笨，那是他的修为欠佳，你该庆幸自己的余生不必再与这样的人绑在一起，他的方式是错误的，但带来的结果于你有利。

失去旧爱后，你最好的做法：

善举一：你我昔日同行，如今慢走不送。

你要想明白一个道理，学会感谢那个和你说分手的人。因为，他给了你一份内心的忠诚，给了你寻找你自己幸福的新机会。虽然，你被分手的那个瞬间，接受这个道理很痛苦，但是，时间拉长，当你再恋时，回头来看，那一刻，玄机顿悟，无言可说。

很多失恋的人，常认为自己过去的感情浪费了。其实，当你在付出感情时，他也对你付出了感情；在你给他快乐时，他也给了你快乐。当你需要得到公平时，你想的是因为你爱他，所以他也要爱你。可是这对那人不公平。爱不爱他，是你的权利，但爱不爱你，也是他的权利，你想在自己行使权利时，剥夺别人行使权利的自由，这是何等不公平！如果有一天，当你不爱一个男人了，而那个男人却要求你必须像他爱你那样去爱他，你是怎样的感觉？

善举二：阳光吸引阳光，转变由外而内。

失恋时，人们常说，"我现在为了那人深深痛苦着"，而事实上，人家的日子可能过得很好，与其说是为对方痛苦，不如说是为自己痛苦。明明为自己，却还打着为别人的旗号，这样的事，我干过，你也干过，其实，并不厚道。

> 如果两个人在一起，你还能给他带来幸福，
> 他是不会离开你的；既然带不来，那就去找那个
> 能给彼此带来幸福的人。须知，天下没人会逃避
> 幸福。

借用《天堂电影院》的台词结尾：如果你不出去走走，你就会以为，这就是全世界。

如何走出去？用一个词来概括，由外而内。

首先，建议你给自己换个新形象，如同一首歌里所唱"我已剪短我的发，剪短了牵挂……"一个新形象，可以短暂而快速地让你对自己有不一样的感知，也会让身边的朋友发现你的变化，而你正可以借助好友们的询问和关切，发布"我已经单身"的消息。

其次，当你告诉外界"我已经单身"，你应该发布的是一个好消息——各路良人，尔等终于有机会啦，而不是一个沮丧的讣

闻——我的爱情死了。想想这两者之间的差别，前者会让给你介绍对象的媒婆们蜂拥而至，后者则会让动心的人们心有余悸，避之不及，她还沉浸在悲痛中，难道我要去做替代品吗？这完全是两种截然不同的感觉。

最后，也是最重要的，不要急于走入下一段恋情，更不要为了忘记前一段而投入一段你可能并不珍惜也不会去重视的感情。享受此时此刻单身的快乐时光吧，不吃醋，不流泪，不在乎，不怕离开，不怕失去，不怕欺骗，不怕背叛，不怕自作多情，那是好多人会羡慕的自由。

受伤篇

梦幻篇

折翼篇

耽误篇

08

多情炽热
——人生每次皆真爱

《天龙八部》中的段正淳，在临死前对他的一群情人泣诉衷肠，这让天下那些痛恨花心的女子，也忍不住动容。在金庸眼里，段正淳这个多情坏子，对每个女人都是真爱，别无轻重深浅；而在木心的《素履之往》中，对此极为不屑，在他看来，轻浮的随遇而爱，和多方向无主次的泛恋，都是滥情。

之所以两种观点截然相反，盖因说这话的两位先生——金庸和木心，性格完全相反。

对木心这样的蓝色而言，很难理解也很难容下"曾因酒醉鞭名马，生怕情多累美人"的红色。蓝色的真爱，是永远只爱一人。蓝色认为，你能爱很多人，而且还是同时爱，那注定不是真爱，故而，蓝色永远不可能接受红色的广博之爱。

假设能有一个女人像段正淳那样多情且公开，必遭天下围剿。由此便知，男女尚未平等。

法国作家乔治·桑一辈子不知疲倦地写作与恋爱，对男人有超乎寻常的激情，并以其庞大的名流情人帮闻名于世。十八岁婚后，因不能忍受丈夫平庸，开始了一次次红杏出墙，她的绯闻名单中，既有缪塞、李斯特、梅里美、肖邦、福楼拜等诸多天才，也有法律系的学生、为她看病的医生、帮她办离婚手续的律师，别说当年，即便现在，也是惊世骇俗。当外界对她抨击时，这个不受世俗束缚的女人回答，像她这样感情丰富的女性，同时有四个情人并不多。并且，她借自己的作品向外宣称："婚姻迟早会被废除。一种更人道的关系将代替婚姻关系来繁衍后代。一个男人和一个女人既可生儿育女，又不互相束缚对方的自由。"

在中国社会，这样的女子，必被世人谓之"水性杨花，人尽可夫"。我努力琢磨了很久，奈何才疏学浅，莫说真人，连文学作品中的女版段正淳也没想到，好不容易，勉强只挤出一个不起眼的成语来仰望——"东食西宿"。由来如下：战国时，大龄单身女子就被人们高度关注。那时，齐国有个貌美女子，求婚者踏破门槛，但直到她年龄老大不小了，也没看上什么男人。有一天，东边和西边各来一户人家求亲，爹娘问她选谁，她说："我想去东家吃饭，去西家睡觉。"原因是东边那位人丑有钱，但西边那位人帅很穷。

也不知"东食西宿"中的女子最后嫁了没，但从有限信息判断，她该是红色。

> 对世间一切美好，红色性格通通想要，却忘了任何事都要付出代价。这种"贪心"，到头来，让红色性格的生命不断消耗，始终没个结果。

貌美的红女，年轻时受到很多男人追求，在情感里折腾，始终没找到最好的那个。年岁渐长，美人迟暮，身边追求者青黄不接，还是没法下定决心，因为选择任何一个男人，必然意味着舍弃其他可能性。

当面临多个选择时，绿色会听从身边人的意见，蓝色会选择符合自己标准的那个，黄色会当机立断把握时机，只有红色，心里哪个都想要，哪个都舍不得。故此方知，"纠结"，是红色的特权。

什么都想要

网文有种"玛丽苏"体裁，泛指女主角被无数男人宠爱，甭管不羁浪子，还是霸道总裁，只要见到，立即丢盔弃甲，拜倒石榴裙下。

这类小说的作者，往往是女性，把自己代入女主，边写边意淫。其实，这正反映了典型红色内心深处的渴望，一种被认可被关注的渴望。现实中，一旦有机会，她们也会不知不觉，上演同样的戏码，当她们被两个男人的情丝同时缠绕，很难坚决斩断一条，因为内心最深处，她们不愿承认的一个幻想是——自己是一个蛊惑男人的妖姬，很多男人为自己疯狂，驾驭与否另当别论，至少能证明自己有吸引力。

我与男友恋爱五年，今年订婚，他的家庭和他都很好，也很爱我。我们一起买了房子，婚期定了，幸福就在眼前。

今年春天，我遇到另一个男人。我们第一次出去，他请我吃哈根达斯，一个愿意约会你的男人，至少对你有好感，这点我很确定，他至少有点喜欢我，而我呢，不会拒绝别人对我的喜爱，也许这就是我最初的错误。我们边吃边聊，他突然把一勺冰淇淋送到我嘴边喂我，我心咚咚直跳，从未有过的感觉。我接受了那勺冰淇淋，表面平静，但内心澎湃，以后很久的日子里回忆，还是那么新鲜刺激，不能忘怀。后来我们去吃饭，走在路上，我们之间的距离不远也不近，突然，身体像有股电流通过，瞬间，我竟然得到一种快感。天，我是怎么了，我不敢看身边的他，这是一种从未有过的感觉，我确定。

后面的日子，对我来说像人间地狱，我承认我不是那种能驾驭两个男人而扬扬得意的女孩，我很痛苦，一面是相恋五年的男友，一面是……也许那个男人就是我今生的唯一吧，我们就是这世间对方唯一的另一半。我行走在崩溃的边缘，有时把自己想象成两个人，一个属于男友，一个属于他……我甚至幻想他们是永远不可能相交的平行线，活在两个世界，而我穿行于两个世界……

他俩都给了我最真最纯最好的爱，都给了我一生的承诺，都发誓要一辈子照顾我，疼我，爱我。

那天，我同时向两人提出，我要暂时离开他们，一个人安静（我之前已向男友坦白自己爱上了别人）。他们都不行了，一个心脏不太好，吃了药；一个神经衰弱加重。天，我都干了些什么。男友要离开这个城市，他说承受不了，要回家，他没有爱了，这个城市对他，没任何意义。另一个他，我看到他绝望的眼神，让我心如刀绞。他说你不要走，别离开我。

我当时心好乱，男友告诉我他今晚的飞机，我要去机场，我不想让他走，因为我知道，他的事业都在这个城市，我不想他这么放弃。我和另一个他，在房间里，沉默着，我担心他，怕他情绪不稳定，因为他现在天天服药。他不让我去机场，我要被撕成两半了，我失控了，用手砸了墙上的镜子，手破了，血流下来……

有些女人的多情，只是因为她们没安全感。她害怕 A 一夜间抛弃了她，于是她要备好 B，B 对她忽冷忽热，她的心依然不踏实，于是有了 C，如果 A 和 B 碰巧没接她的电话，她瞬间浮现最坏的可能，转念一想，没关系，我还有 C，顿时松了口气，如果 C 有一天明确告诉她不想跟她结婚，她的不安全感又迅速上升，必须再发展一个D，才稍微放心。其实，在没结婚前，她都会惴惴不安，ABCD，一个都不能少，她感觉自己是弱者，必须要同时抓住几根救命稻草，以防不时之需。

很多女子不是没人追，而是拿不定自己选谁。当年我在相亲节目目睹无数女孩在台上站的时间越长，见到的男人越多，收到观众的求爱信越多，就越难找到自己选什么，越会眼花缭乱。对红色而言，选择，真是煎熬。

不确定的状态，恰好满足了红色性格什么都想要的体验需求，这是她无法做出抉择的深层原因。

最为戏剧化的是，故事中的两个男人，也是红色。他们在不知不觉中，为花儿提供着狗血翻新的剧情，将这把混乱的情感之火，越烧越旺。这种事，最自然的走向，是一段时间后，两个男人中的一个，筋疲力尽，彻底抽身，剩下的那个，也跟着消停了，然后，姑娘才能消停。也许，用不了多久，当这个姑娘发现生命中没有折腾的时候，无比郁闷，再次蠢蠢欲动。

红色性格为何选择多

有不少红色单身，其实是因为选择太多，挑花了眼。这源于红色有两个特点：

特点一：她们喜欢自己被捧在手里的感觉。

看到几个男人为了自己争风吃醋，这可大大满足虚荣心，须知，被关注和被喜爱，永远是红色内心需求的。

香港导演阿宽曾描述过这样一种女子：女孩不坏，就是太喜欢被男人爱，越多越好。经常对男人主动，容易让男人不知不觉迷上她，开始做朋友，有很多事请你帮忙，经常撒娇，让你意乱情迷。她有男友，但还是跟你约会，你也不是她谈得来的唯一男性朋友，而你也不妒忌她真正的男友，可你会妒忌那个和你一样的其他男人。男友没空时，你就做备胎，她对你说男友都怀疑你了，但她相信你对她没有企图。有一天，她跟男友吵架后，找你诉苦，你抱住她时，她跟你亲热，你以为得到了她，可没过几天，她和男友和好了，然后她问你，我们还是朋友吗？你含泪说永远是，不久，她就淡去了。

不久后，你在街上见到她跟另一个男人一起，不过，那男人，并不是她那个男友。

特点二：她们会高估自己的能力。

很多红色，自认为完全可以驾驭情感进程，认为自己可以掌控每个男人的亲疏远近，可以很清楚地界定恋人、情人、未婚夫、蓝颜、过客、第四种情感（友情和爱情之间）等的准确关系。可惜，红色过分相信了她们的自控力，因为她们心软，容易被情感打动，于是过客变成短租客；向知己倾诉，酒至半巡，泣不成声，早上醒来，都在榻上；很多微妙关系的情感，都在这样半推半就、若有若无的撩拨中滋生。一旦关系复杂，她们害怕处理麻烦，必然逃避。

好的结局是，本来是朋友，有了情感，难免尴尬，你逃，他退，原本的默契没了；糟的结局是，惹上不该惹的麻烦，被不该缠的人缠上，陷入多角关系，剪不断理还乱。若这些男人中，有狂热分子，保不准鸡飞狗跳，毁容上吊，同归于尽，闹出惊天大事。

难道红色的她们不知道约束和自我控制？并非如此。关键是，她们觉得自己要找的那人始终没来，总觉得差了口气，所以，一定要不停地找。还有，红色总是过高估计了自己的控制力，红色认为，体验本身，就是生命的快乐。

大龄单身女子的性格，红色和"红＋黄"最普遍，少有"红＋绿"，这与第二色绿色的平衡性有关。在性格色彩组合中，性格第二色若是黄色，会催化第一色；性格第二色若是绿色，会缓和第一色。无论红色再怎么情绪起伏，如果第二色是绿色，立即就会抵消掉情绪波动。

爱情来去如风的真相

还有一种，在多段爱情里反复折腾的红女，每次爱情都很短，进去快，出来也快，进进出出，反复多年，也没找到归宿，而且还搞不懂自己在忙什么。

我叫小蝶，念研究生时，认识了我的第一个男友约翰。约翰是我已毕业的学长，周末回校跳舞，当时他和另一个男生一起追我，每次去舞厅，两人抢着邀请我，最终，我选了更成熟的约翰。和约翰的恋爱是我恋爱史中最长的，持续了一年半，到了研二，他调去外地，最后那两周，几乎每天来学校陪我，我当时觉得，那么相爱的两个人，距离没问题。

约翰走后，我的生活突然冷清，研究生毕业，忙着找工作，遇到很多问题，约翰都不在身边，开始我还跟他说说，后来也觉得说没意思。这时，一个早已喜欢我的人出现在我身边，我叫他海哥，是我室友的哥哥。他应该是蓝色，忧郁，会写诗，那时我感觉很孤单迷茫，突然想谈恋爱。他常来寝室看妹妹（他妹妹说，其实他是想来看看我），我也就顺其自然一起聊天。慢慢地，他写诗给我，用了很多方法让我感觉他的浪漫。和海哥这种似有若无的恋爱关系，我越来越享受，我就跟约翰正式分手了。

我和海哥的正式交往只有六个月，那也是我第一份工作的头六个月。那时，我的老板刚从美国回来创业，拉到了风险投资，我喜欢公司的氛围，常主动加班，老板很快把我提到主管。没想到，老板居然会追我。他比我大十岁，很有绅士风度，跟客户聊天口若悬河，一个人时，静静地宅在家里看书，我从未遇过这样的男人。

这段感情发展太快，我没来得及跟海哥解释，以至于当海哥来我家给我过生日时，正好看见我送老板出家门。他只看了一眼，就转身走了，我尴尬无措，愣在当地。后来海哥再也没联系我，连他妹妹都不和我来往了。

我和老板的关系逐渐被同事知道了，公司里传言说我凭身体上位，我觉得这是对我的玷污。我希望他能站出来保护我，可他却劝我离开公司，说会介绍我到他朋友公司工作，如果我不想工作，在家待着也行。我选择了折中路线，去读 MBA，他出钱，我想两个人既然相爱，谁出钱都不要紧，反正，我学完也要回来帮他，到时也许我们可以再开一家分公司，我来管理，两人双剑合璧。

读 MBA 时，我认识了新加坡人大飞，外企中国区执行副总裁。他来中国八年，不但对中国非常了解，也通晓欧洲文化，他为我打开了一扇新的大门。每次上课结束，我们都会找一家餐馆，聊上三四个小时，我有一种找到知己的感觉。也许我这个人太真实，太不会掩饰自己，男友察觉到我的异样，原本很有涵养、很大度的他变得爱吃醋，翻看我的手机，扬言给我断粮，让我交不起下一年的学费，这些举动加速把我推向了大飞那边。一次剧烈争吵后，我们分手了。

跟大飞正式成为恋人后，没多久，也分了。很多人，没走近，觉得无比美好，一旦朝夕相对，千疮百孔。大飞思想非常洋化，他认为没有任何关系可以把自由限制，甚至他跟我同居时，也会去和异性朋友通宵喝酒。

跟大飞分手后，我痛苦地反思，难道我真的是命不好吗？为何我每段感情都真心投入，却都没有结果？后来，我也谈过好几次恋爱，有朋友介绍的，有参加派对邂逅的，每一次，我总是很容易吸引到不错的男人，但交往没多久，要么我发现他身上有我不能忍受的致命缺点，要么人家对我兴趣淡了，越来越敷衍，我忍无可忍提出分手。现在，年龄大了，遇到好男人的机会越来越少，我真的很想抓住一份属于自己的爱情。我该怎么办？

小蝶同学恋爱经验丰富、每场恋爱用时不长，其中的核心原因在于，每当新的男人出现时，她都会迅速看到那个男人身上有她现任男友所没有的优势，从而，为之动心，这正是典型"花蝴蝶"的特征。这种爱情，往往来去如风。

红色性格做事浅尝辄止，恋爱也是。做事时，红色性格常常挖了很多矿，却在离矿五十米的地方停下来。恋爱也一样，没充分了解，就冲动投入，遇到新诱惑，立场不坚，加上原来的关系遇到问题，加速放弃，这就是红色性格爱情来去如风的原因。

假设这个红色有些姿色，但没有明确的方向，在男人甜言蜜语的包围下，很容易肆无忌惮地挥霍自己的青春。红色天生缺乏自控，对外界繁华充满好奇与向往，往往使她们在选择中迷失自我。东晃悠，西晃悠，等到有一天，美色不驻，岁月无痕，光影流年，来去如风，当外界压力接踵而至时，当认为自己迈入大龄时，会有饥不择食的惶恐，难免匆忙上阵，赶紧把自己随便嫁了，然后，过不了多久，闪离。

红色在人生中，对变化无限向往，对新鲜无限渴求，红色常在二人世界中创造浪漫，时不时制造出意想不到的小插曲，并以此为乐。对红色而言，把生活和爱情弄得有趣，至关重要，否则，生活毫无意义。

如果你看到此处，产生出一丝丝对自己多情的恐惧，那就证明，你辜负了上天赐予你丰富情感的厚爱，很抱歉，你的理解，误入歧途啦。

杜拉斯对爱曾做过一个完美诠释："爱，的确最难。只是再难，也没人可避而不往。爱，是不死的欲望。"

> 多情者的一生，为爱而生，为爱而死，此乃天注定。如果你只有在不间断的爱的滋养中才能存活，那就从此刻起，忘记婚姻这事，婚姻暂时不适合你。

如果你向往婚姻，只是暂时没有合适的选择，而且你也没拥有够恋爱的感觉，那就在狂热的浪漫中多待会儿。年龄渐长，也许你对生活的理解会变的，到那时，你再选择你想要的日子；如果你从未改变，认为自己一生都要活在爱中，证明你始终如一，无比纯粹。须知，生命的形式，本就多样，你我都是宇宙中微不足道的过客。

对多情者，有些人会称"多情是种不负责任的情感"，这种观点只能说明，说这话的人以己度人。他首先假设人的情感都有一定限度，在使用上，理应分摊，一个人怎么可能有这么多的情感呢？故此，说这话的人，推导出一个结论——多情者必定滥情。

多情者，之所以在情爱领域比别人有更多情感可支配，是因为内心的超常规，对体验的无限向往和对折腾的乐此不疲。由于常人跟不上多情者的情感节奏，遂使多情者有无限多的机会和时间体验爱情，与此同时，多情者必将体验到同等体量的孤独与挫折。

你大可不必因为自己的多情而不安，古往今来，世上伟大的才子少见不多情者。

民国时，一位佳人在美国孤单苦闷，发了封电报告诉国内的才子，只有他的来电能让自己感到安慰，激动得这位才子通宵长信尽诉衷肠。第二天清早，兴冲冲地赶去邮局，被邮局小弟八卦告知，你来前，已有四个男人给这位佳人发过电报了，一对质，发现五个熟人收到的五封电报，内容一样。更何况，这位佳人在美国已经有人相陪，只是她性格热烈，情感的需求和表达依旧不减，缺乏忍受寂寞的能力。

不过，如果你此刻想迈进婚姻，你希望自己拥有稳定长久的情感和安宁的生活，你本人也不愿自己像无根的浮萍，那你必须冷静下来，明确意识到，你暂时还不是那位佳人，也未必每个人都能遇到生命里的唯一。

如果你准备远离多情带来的麻烦，以下四项原则可借鉴：

第一，慢半拍。

刚和一个男人看对眼，势必飘飘，请暂时莫想得太美，做好受挫准备，且行且珍惜。你可慢半拍，足够了解后，再到下一步，否则可能又重蹈覆辙。

不过，无论我怎么说，多数红色还是做不到，她们会对自己默念"双活咒"——我要活出真我，我要活在当下。如果你想听到一个对你有用的建议，就去找蓝色或黄色的朋友；如果你想给自己打点鸡血，那去找和你一样的人吧。

第二，须谨慎。

遇到新的诱惑，明显比自己现在拥有的要好，请谨慎。人都有优势和局限，你刚刚享受过史泰龙的肌肉，觉得好有安全感，然后，却拿着汤姆·克鲁斯的面孔和史先生对照，这样比，不厚道啊。多情者在体验中得到的快乐，远大于失去时的痛苦，而情感是多情者生命力的源泉。多情者的致命麻烦，是永远认为"下一个一定比这一个好"，因为不愿意放弃下一个的美好，故此，很难珍惜现在的好。有一天，你会明白——现在进行的这一个，就是上一个的下一个。

第三，要掂量。

多情者常自我安慰，"我貌似多情，那是因为我选择困难，几个人不分上下，几个人对我的爱也不分上下"。多年来的课堂教学经验，让我深知，劝告一个多情的人不要继续多情，是鸡同鸭讲。我只能说，你要掂量掂量，你自己是否有能力同时控制几份情感，没有金刚钻，别揽瓷器活，否则，惹了麻烦，坠入万劫不复的深渊，无人可救。

第四，舍极致。

诺贝尔经济学奖得主赫伯特·西蒙教授认为：人分为两类，效用极致者和效用满足者。前者永远寻找最佳选择，后者只需称心如意。这两种人，前者购物时间长，会不断比较，相反，后者购物时间短，一旦觉得产品基本达标，立即决定。

人们总以为，因为前者找到了最好的东西，会比后者快乐。但真相是，前者更不爽！即便他们的东西比别人好，也不爽！尤其是，发现自己的决定比他人差时，更不爽！而且，这种人买东西后，容易后悔。世上有很多选择，但并非这些选择都可被用。决定选一个，必然代表放弃其他，当然可能后悔。

效用极致者，选择越多，算得越多，放弃越多，后悔越多。效用满足者，只求称心如意，考虑不多，所以，放弃了什么也搞不清，换来的是后悔少、愉快多。其实，这和择偶一模一样。

09

追逐成功
——事业 C 位爱靠边

小说及影视剧里，女人大多为爱而狂，为爱而生，凡是那些为了事业不顾爱情的女子，一定是早年受过情伤，才不再相信爱情，倾力寄情于事业，把事业操持得风生水起……可惜，这并非事实的全部。

以上描述，符合本书受伤篇中的"忘情"，但有一种性格的女人，她们本身就钟情事业，与感情是否受伤毫无关联，她们追逐成功的快感和希望掌控一切的欲望，在娘胎之中就已注定，这便是黄色。

有人是因为后天受到刺激拼命工作，有人是天性就喜欢工作和追逐成功。

古龙笔下，这样的女子为数不少。有不想嫁人却想娶人的水母阴姬，有虽曾嫁人但常年单身的石观音，有想嫁人但无人敢娶的高老大，有压根儿没想过嫁人的枯梅大师，还有一个最该嫁人却没能下嫁的绝色美女林仙儿……这些人的共同点是：对权力的渴求胜过男人。在她们看来，只要拥有权力，就会拥有一切，成为世间的女王。从古龙给这些女子起的名字，就可感受到古龙作为男人，对这种性格的女子有多排斥。不过，貌似古龙冥冥中也对性格色彩有心灵感应，这些绝世高手的女子，性格全是一路人，每一个都是黄色！

黄色，天生目标感强，重事业，轻爱情。入学时，就蔑视一切看不上眼的男生的追求，认为求学期间除了学习，就该心如枯井；毕业后，进了"女人当男人使，男人当铁人使"的公司，无暇儿女私情；

转为经理，拿着高薪，项目相托，责任巨大，日夜操心；升为总监，权势日隆，昔日同学鸟枪换炮，怎可屈居人后，故此发愤图强，儿女情长一律暂缓。

求学时期，黄女不谈恋爱，这和"好好学习不谈恋爱"无关，根本原因是眼界高，认为普通男生实现不了自己想要的未来，她有自己规划好的前景和追求。毕业多年，同学聚会，黄色不仅不甘落后，她要的是第一，如果没成为一群事业发达同学中的佼佼者，压根儿不参加同学聚会。

爱情本身对黄女，是没有硝烟的战场，是征服堡垒的工具。在这点上，她们不需要听什么名人讲座，也不需看成功女性传记，在娘胎里就早已主见明确，目的清晰。

> 对黄色性格而言，爱情是爱情，婚姻是婚姻，完全可以割裂，这是完全不同的两码事。

我要人生巅峰大于我要高富帅

朱丽尔，坚定果断，数据安全行业的大姐大。父母均是生意人，儿时没吃什么苦，衣食无忧，早早出国学习。

极短时间内，她用难以置信的效率取得三个学位后回国，并在国企成了重点培养对象。没多久，公司希望引进一个数据安全项目的投资，要派人到柏林和其他公司竞争。在当时国内行业资源匮乏的情况下，朱丽尔自己找来大部头文献钻研。

三个月后，朱丽尔以仅她一人的代表团和其他在同行经营多年的竞争对手，站在角逐台上，在一场极富说服力的演讲后，朱丽尔击败了众人认为不可能被战胜的敌手。

凭借她的专注和敏锐，一年后，她脱离原公司单干。她的商业帝国扩张之快，野心之大，令人瞠目结舌。

在我的印象里，朱丽尔永远没有时间。十年前，我与她相识之时，她正忍受着严重的腰椎与脊椎的病痛发作。她一边理疗，一边在电话里谈笑风生，讲述年轻时自己有幸目睹的一次李嘉诚的震撼演讲，让人感觉在刮骨疗毒。那天她谈论最多的是："乐嘉，咱不能停啊，这回出去看了下，才知道别人是怎么翻倍的，我不能慢啊，一慢，我的这些人怎么办，我现在有六百号人要养，一慢，要被淘汰啊。"和她聊完天，我觉得自己太不努力了，可我在同事眼中，已经算得上是世上最努力的人了。

按照朱丽尔自己的说法，她到目前为止，可圈可点的爱情，就那么一次，那场她现在后悔而当时并未珍惜的爱情，持续了九年，最后分手。两人在国外留学认识，在决定毕业去向时，朱丽尔毫不犹豫地否定了男友希望她留下的提议，选择独自回国。之后六年，男友每两个月回国一次，每次逗留两天，当中，这个男人多次表达想结婚，都被朱丽尔婉拒。她的想法，把事业做大，是唯一期望，对她来讲，生命等于工作。

男友每次在朱丽尔公司楼下接她下班，她都会让他从傍晚六点等到午夜。朱丽尔每次出来，都歉意地告知在开会；朱丽尔忙碌之余，报读最贵的EMBA，每逢读书时，男友如果回国，就让他陪读两天。这也正是黄色在两性关系中致命的心态——这个世界上，别人为我做的所有事，都理所应当。朱丽尔的事业一天天发展，男友却在默默无闻中静待六年，男友终于离开了朱丽尔，分手时，正值朱丽尔的公司上市的关键时刻，她情感的痛苦瞬间被事业的挑战压了过去，一晃，又是五年过去了。

当黄色努力投身于事业时，她们对目标的执着，连自己的感受都不在乎，哪有闲暇关注别人的感受。

> 黄色性格希望延迟婚姻的到来，以换取更多的时间和精力创造更大成就。情感本身，对于黄色性格，绝非人生的重要追求。

等她们事业有所成就时，事业有成的黄男会青睐于她们。这种青睐的背后是，这些男人也许在外有很多情感寄宿，但落到婚姻，也担心女人贪图自己的地位钱财，所以，他们会愿意找个同样成功的女性，这样，就不需多虑这个女人与自己走入婚姻的目的。

黄女是独立的，她们希望通过事业成功来证明自己的价值，掌控命运。年轻的黄女如果早年恋爱对象是个黄男，两个黄色一起，艰苦创业，共同成长，只要价值观没分歧，彼此相爱，有些结果还是美好的。

两个黄色在一起，最大的好处是，双方都没情感负累，直来直去，目的一致，相互支持，事业上相互督促，是伙伴型关系。

黄男与黄女的配合，会让双方彼此事业都更上一层楼，何乐而不为？遗憾的是，这样的组合双方都很强硬，婚后双方难免争夺控制。（详见《性格色彩原理》和《性格色彩恋爱宝典》）

是否所有的黄色都会为了人生巅峰而舍弃高富帅呢？并非如此！当她决定把找个如意郎君当成人生最高追求时，这，就是她渴望的人生巅峰，一切都将为此服务。

黄女没时间恋爱，行事雷厉风行，容易吓跑很多男人，除非你愿意将就她的时间和性格；可麻烦的是，一旦高富帅像个小男人，她又了无兴趣。因为段位差距大，得来容易，很快，就没有征服的欲望和乐趣，她爱的，是跟她一样强大的——可以征服世界，还不那么容易被自己征服的男人，可惜，世上没几个。于是，只好扭头，专心攀登自己的事业高峰。

别人抱团取暖，我自钻木取火

如果说朱丽尔还存有上岸心态，另一大票朋友宁愿在水中待着，也不愿上岸。

如果问她们："你爸妈逼婚，你不肯，以后老了，你怎么考虑？"她们嗤之以鼻："结不结婚，是我个人的选择，再说，结了婚就等于进了保险箱吗？""要解决养老问题，不一定要找男人，我可以好好奋斗，确保老来无忧。""我一个人过自由自在，享受一个人的快乐，多好。"

朋友晓晓，律师，从三十六岁到三十九岁，这三年，她从繁忙的工作中抽出时间，有规律地在网上相亲，每周约见两个男人，按薪资、年龄、学历对符合要求的男性评估排名。但见来见去，要么人家觉得她强势，不想再进一步；要么她觉得男人不足以让自己动心，每每交流不是擦不出火花，就是对牛弹琴。

最后，她觉得相亲就是浪费生命，还不如多研究几个案子让官司有胜算更值得。至今，她不再请朋友帮她介绍男人，所有的时间，要么上班，要么加班，要么在上班的路中。

当我问她你到底需不需要男人时，她说："结不结婚我觉得一点都无所谓，但我想要个孩子，要不，咱俩凑合一下？"

我搓了搓双手，感激涕零地说："咱俩太熟了，不好下手啊，你有鸿鹄志，吾乃燕雀心……"她白了我一眼，从此，我也不再劝她。一年后，她移民去了意大利，闪婚闪离，有了混血宝宝龙凤胎。

黄色自信，认为自己可掌控一切，包括自己的欲望，这也正是工作上她们披荆斩棘所向披靡的原因。一个独立的女人，不只在经济上独立，精神和肉体也要独立，这才是真正的独立。

黄色富于挑战，是所有女性中最具勇气质疑传统观念的性格。她们觉得，大多数人遵循的条条框框，可以被挑战和打破，所以，黄女身边的亲友，越劝她们不要沉迷工作，多考虑个人问题，越会招来她们的反弹。社会越来越多元化的今天，在工作中独享一生，是她们认为相当不错的选择。

需要注意的是，工作投入，势必换来生活减少，四种性格中，黄色最不善于让工作和生活平衡，故此，"积劳成疾"对黄女来说，比其他性格的女性更容易遭遇。

由于黄色对工作的执着，她们常常放弃掉自己身边真正应该珍惜的东西。黄色总以为当自己的事业成功后，一切都会拥有，可惜，那只是一厢情愿地想当然。黄色沉迷于事业带来的成就感，而漠视平衡生活，很不幸，这会亲手关上通往令自己幸福的大门。

那些追逐成功的女子到底想找怎样的对象？

第一，比自己更强大的。

黄女的择偶标准，会倾向于找比自己更强大的，能让自己欣赏或崇拜的对象，她们毫不掩饰对成功者的敬佩和欣赏，她们对能力强的异性表现出极大好感和认同，因为她们在与强大男性交往的过程中，可以得到学习和成长，而这比爱情中其他一切虚幻的无法描述的所谓的"感觉"都重要。

> 对黄女而言，好的爱情必然意味着，那人
> 可以带来个人成长，这是衡量好爱情的重要指
> 标。

如果说红女找强者，是为了满足红色性格的虚荣心；那黄女希望找强者，则是因为不能接受男人比自己弱，这个"强者"，一定要在某方面比自己强，收入不强要地位强，地位不强要才华强……否则，黄女会以俯视的心态看男性，而当男人没自信的时候，最终，只能常去男科诊所报到。

黄女成长后，会看到更有钱、更有权、更有资源、更有地位的男人，人们常有一个误区——黄女很现实、趋炎附势、喜欢金钱，事实上，黄女想要的只是一个比她更强的男人，因为她们骨子里认为只有强者才配和强者在一起。

第二，可以没事业，不能没事业心。

抛开个人成就，从性格来看，绿男不作为的性格，会被黄女鄙弃。绿男的"乐天知命和与世无争"，被黄女理解为"不思进取和

不求上进"。对非常年轻且事业无成的黄女来讲，她们可以容许男人暂时没事业，但绝不接受男人没事业心，她们认为，一个男人只有饱含雄性激素，才有资格在情感中驾驭自己。

需要注意，黄女有个矛盾心态，她们既希望男人强大到让自己崇拜，又希望自己能驾驭这个男人。

有的黄女会说，我只要觉得这人有能力，只要相爱，只要值得，我不在乎收入差距；这种情况会存在，不过这种情况，存在于未婚黄女的概率将远远超过离婚的黄女，即便这么做了，还会面临一个相处中的巨大挑战，那就是黄女的不敏感，总会不经意伤害他人，这对彼此的长久相处，是个巨大挑战。

那么人生中在不停地追逐成功的女子到底该如何获得幸福呢？

黄女喜欢强者，而男性在性格上的"强者"，以蓝色和黄色居多。当她们看中这两种性格的男人，主动展开猛烈追求，但她们并不明白：这两种男人白天也拼杀滚打，回到家里，更向往女人的柔顺。黄女的两大软肋，将会导致她们无法搞定这样的男人。

软肋一：不会示弱和撒娇。

黄女不会也不愿发嗲，让她们学温柔，有点东施效颦。她们在处理问题上毫不妥协的姿态，让蓝色和黄色这两种强硬性格的男人深感吃不消。

软肋二：不愿为对方改变。

对黄女来讲，找不到合适的人或搞不定对方，也不会因此而改变自己，而是对自己说——婚姻不过是人生的一场经历而已。"多情自古伤离别，无情不似多情苦。一片芳心千万绪，人间没个安排处。"感情姻缘这玩意儿，有，就有；没有，我还有工作。不会把自己搞那么苦，有那些闲情逸致，还不如多干点活。

只有黄女意识到自己的性格局限，修炼自己的个性，让男人和她相处，成为向往的快乐，这些麻烦才可能不出现，否则，本书"无所不能"和"独立坚强"两节中陈述的所有悲剧，必将重新上演。具体来说，以下三点很重要：

第一，学会崇拜——让他成为你的英雄而非随从。

把工作中的自己和情感中的自己区分开来，工作中保持独立决断，情感中学会多听对方意见。

如果你想要的是一个有主见且内心强悍的男人，那么，你需要在生活中让他感觉到被尊重和成就感。当你们共同去做一件事时，充分尊重他的意见和想法，甚至，适当地表达一下对他的崇拜，是非常重要的。

第二，学会撒娇——用温柔的方式相处。

两个人相处，意见不合是非常正常的情况，不要总是用理性的方式和他辩论，对于非原则问题，可以撒个娇，让他让着你一点，看似他吃了点亏，其实收获的是满足感。

第三，学会示弱——请他帮助你做些你不会的事。

小到安装电脑软件，大到处理房产交易，生活中总有些你不擅长的事吧，不要总是自己硬扛或拼命摸索，可以请求他的帮助，完了以后，夸夸他，告诉他，"没有你，我真的不行"，这会让他有成就感，并且增进你们的关系。

也许你会说，我生活中没有解决不了的问题呀，我没啥需要请教伴侣的，我自己都搞定了，我还可以教别人呢，那我该怎么办？

姑娘，假如你有这样的困惑，那恰恰说明了你的问题。你把事情都干完了，别人没得干了，那别人的存在还有什么意义和价值呢？咱要给别人留条活路啊。

解决的方法是，有些事，如组装家具，修理家用电器，办理护照和签证……即使会，你也当作不会，把机会留给对方，让他来表现。例如，有太多的事情你不必自己干完，而可以让他来干，尤其是那些可以彰显男子气概的事。

当你真的这样做了之后，不仅可以收获对方的保护欲和关系的亲密度，更重要的是，你会逐渐学会在家里做一个"轻松柔美的你"，有别于那个工作中"无所不能的你"。

当然，如果你是货真价实的黄色，你会觉得以上这几项改变，非常困难。

原因很简单，因为黄色的人骨子里是强者，她们不屑为了迎合一个男人而改变，但这种想法，其实，只是你自己给自己设下的枷锁，唯有突破它，你才能获得情感中水乳交融的幸福，否则，即使你找到一个既优秀又愿意包容你的人，总有一天，他也会离你远去，因为这样的人一定可以遇见另外一个既优秀能干又尊重崇拜他的女子。那么，为何你不早日克服心魔，修炼成刚柔并济的美好的自己呢？（在《性格色彩婚姻宝典》中，最后一章专门探讨幸福婚姻修炼法则）

10

钟情姐弟
——熟女如何迷少男

"少男"，代指年轻帅气的男人，网称"小鲜肉"，与之相对，为"熟女"，年龄、物质、心理各方面都较成熟。有些熟女，向往婚姻但走不进婚姻，是因为迷恋少男，不愿或无法和少男结婚。（本文所指少男与熟女，概指相差至少十岁的姐弟恋）

胡文辉的《广风月谈》认为：娱乐圈姐弟恋的明显特色是，女主光芒四射，男主相对失色，有的默默无闻，这代表了一般姐弟恋的模式。那就是，女方在地位名望财富方面占优势。老夫少妻成立，是因为老夫在传统社会中拥有更多资源；姐弟恋成立，是因为姐在当代社会中拥有更多资源。

归根结底，姐弟恋，意味着女性主导的情爱关系，姐弟恋成为风尚，是女性在情爱中的自主意识变强，主动追求自己想要的幸福的自然结果之一；而少男对熟女的依恋，有些源于母性依恋，有些则是期待和熟女一起让自己尽快成熟，有些觉得和熟女相处轻松而无须承担经济、情感、生活的压力。

这段分析，以社会学角度而言，非常精准。说白了，找少男的熟女，多数情况，女比男的条件要好。以上这段话，适合用在黄女；而对那些在情感中并无主导欲的红女，尚不能阐述她们的内心。

不同性格对姐弟恋的看法

不同性格的女性对姐弟恋的态度：

♣ **红色性格：** 从性格概率而言，红女远比其他任何性格，都更能接纳姐弟恋。事实上，在所有性格中，红色对年龄的接受尺度最大，跨度也最大。不过，当红色缺乏自信时，会出现既想自由快乐，又怕被说闲话和摇摆不定的情况。

■ **蓝色性格：** 保守，讲世俗规则，不易接受女大男小。蓝女对男人内涵要求高，但如确有灵魂共鸣，也会咬咬牙。

▲ **黄色性格：** 独断专行。我喜欢谁，与你无关。

● **绿色性格：** 不会离经叛道，不主动发展姐弟恋，因为女大男小招致的亲友压力，对绿女而言，太难承受。但如果男方主动，自己跟着走也无妨。

最爱姐弟恋的红色性格

问题一：抵不住诱惑。

性格色彩 III 阶卡牌大师课学员安琪谈起自己的困惑：安琪和小鲜肉恋爱数年，明知没有结果，也不想继续，又难以放手，万分痛苦，无法走出苦海。

我是大学老师，家中独女，从小到大，爸妈一直宠爱，所以，我很任性、不成熟，已过三十，看起来还像个大学生。我喜欢接触新事物，喜欢的活动都是我的学生这个年纪玩的。对婚姻，我想找个一起奋斗一起玩的，因为我不甘平淡，希望每天精彩，可同龄人婚姻都很平淡，有点失望。

我一共谈过两次恋爱。第一段结束后，单身几年，相亲三十次。不知为什么，我很讨厌相亲，把八竿子打不着的人牵扯到一起，面对面坐着，矜持地聊些无关痛痒的话，然后走人。相亲对我而言，就是走过场，然后彼此消失。

我一直期盼有人能突然出现，对我好，宠着我，志同道合，他可以没房子没钱，但只要他上进，我就愿意跟他一起……可万万没想到，让我脱离单身的人，是一个比我小八岁的男生。

我三十岁，他二十二岁。他向我主动表白，我很纠结，毕竟我比他大八岁，年龄差距太大，肯定会有很多世俗舆论。可我很想感受一下恋爱，最终还是答应他了。

谈了四年，开始感情很好，慢慢觉得他太依赖我了，消费都问我要钱，而且很直接，说："我没钱啊，出去的话，你带钱哦。"因为这些事，我想跟他分手了，我们分手半个月后，他来找我复合，我死活不答应，他就给我送这送那，没办法，我就又答应他了。但还是吵架，然后我提分手，我一提分手，他又来找我，就这样反复。我不想再继续了，但又舍不得，想着以后还不知道会碰到什么样的人。我该怎么办？

喜欢新鲜、不甘平淡、重视体验、追求快乐，这是红色的典型特点。因为天性活泼、富有童心、好奇心重，红女很容易打破年龄界限，跟比自己年龄小很多的人在一起。

■ 蓝色渴望的精神交流，是"盈盈一水间，脉脉不得语"的默契。假如蓝女判定一个人不适合自己，就不会见面；假如觉得有可能，见了，也不会没几天就把对方踢出局，而是会有一个不短的考察期。

137

♣ 红色渴望的精神交流，需要大量语言交流、情绪抚慰、全方位的充分认可。假如对方非常在乎自己，又能玩得开心，很容易就从了。当喜悦感足够强烈时，红色能暂时逃避世俗的眼光。

熟女与少男恋爱，少男把熟女当依靠，而红女却希望自己被呵护，被关注，当少男"哄"她，她的需求得到满足时，心情就好，但过了一阵子，根本问题没解决，又会陷入纠结。

> 除非有外力介入，否则，"没骨气"的红色性格想要自行摆脱一段情感，很难。因为天性中对人关注，需要被认可，当对方不舍、依恋，疯狂追求时，红色性格脆弱的理智容易被情感的潮水冲垮。

问题二：扛不住批评。

红女感性，享受自我感动，向往轰轰烈烈的爱情。很多红女为了爱情，可以不顾一切，但红女偏偏很难承受别人的批评。

一个条件不错，离异后一直未婚的朋友，是这么说的：

离婚后，被一位小我十二岁的男孩死缠滥打。他是艺人，糊里糊涂住进我家。同居一年，关起门来，我们非常好。可一出门，朋友们嘲笑我养了个小白脸，我特别挂不住，实际上他每月的收入全在家用，虽然不够维持，但他尽力了。由于不受朋友们的祝福，我还是跟他提出分手。分得很惨烈，他不走，我叫来一个两米高的朋友把他抱出去，实际上保镖几乎把他操出去。分手后，我彻骨之痛，曾主动寻他回来，却找不到了。

自那次后，我发现内心里我喜欢和比我小的、好看的、有肌肉的、干净的、没太多追求的、知道品质的、有点艺术气息的男性交往，至于有没有头脑，每个人定义不同，我没那么在意。

由于那次交往，我几乎无法再跟年长男性交往，我一直偷偷摸摸地跟比我小的男性逗闷子，却从未坦荡恋爱，即使公开，也在很小范围，把关系公开，我有心理障碍，也不知道为什么。为什么我这么喜欢小男生，却不敢暴露在大众面前呢？现在，我把自己的路堵死了。

为何平日从不扭捏，硬要飞蛾扑火的女人，也会在意别人的看法，甚至要偷偷摸摸呢？其实，解读红色有个秘诀，就是——"看心情"。红色情绪亢奋时，大有"死了都要爱"的气魄；红色情绪低落时，会变得很敏感，受不住一句简单的调侃刺激。红色嘴里喜欢高喊"要做自己"，却常常没法无拘无束地做自己。在爱情和婚姻中，最终，每个人不得不为自己的选择负责。

故此，红色需牢记：

首先，要分清自己是一时兴起还是深刻爱恋，再决定要不要坚持。从这段恋情的开始来看，"糊里糊涂住进家里"，后来因受不了朋友的嘲笑，找保镖推搡少男出门，最后又舍不得，试图吃回头草。这一系列，反映当事人目标感极弱，对将来要跟什么人一起和如何度过余生，毫无概念。

其次，过分在意别人评价，既是性格局限，也说明内心虚弱。因为喜欢少男而怕别人评价，只是表象，换成喜欢老男人，一样难免，也会有人恶评，须知，你无法讨好所有的人。你嫁给比你条件好的人，会说你现实，是看上了别人的钱；你嫁给比你条件差的人，会说你找不到更好的，你落魄了，没人要了。攀比万古皆有，嫉妒永世长存，人们嫉妒你，是因为你有被嫉妒的价值，姑且不妨阿Q，把嫉妒当成仰望。

为何红色性格熟女喜欢少男

主要有以下几个原因：

1. 觉得少男比大叔更真诚。

"真诚"这个词，在感情上，绝对不是可有可无的词。红色熟女的想法是：年长的男性见多识广，对女人早已麻木，不会轻易真心；少男未定性，情窦初开，更容易真心。他们的简单和干净，在渴望爱情的熟女看来，是那些成熟男人丢掉的最可贵的人性。

所以，如果只想谈场恋爱，心智成熟的少男是不错的选择。不过，这也容易让熟女受伤，有一天，突然发现少男也许并不单纯，这个打击就太大喽。

2. 熟女内心拒绝长大。

如果对方年龄较小，不用考虑太多婚姻和责任，这正好切合了红女不愿承担生活重任的心态。大多时候，她们不觉得自己和小鲜肉有年龄差距，甚至常常需要小鲜肉哄自己。

但姐姐为何能被弟弟轻易哄到呢？奥秘在于，红女有个致命弱点——幻想！她们称为梦想，就是 dream 和 fantasy 的区别。红色的"幻想"，绝对可被语言勾引，而小鲜肉喜欢展望未来，勾画乌托邦，这样红女就觉得，再过两年，生活便成真，现在播种，两年后收成。

3. 少男更有原始吸引力。

人生本无常，不把握未来，就享受当下。一个强势有事业心的朋友毫不讳言"年轻的活力，让我的身体也能充满无限活力"。她不结婚的原因是："我敢爱敢恨，不爱了就洒脱分手，不必耽误大家，一棵树上吊死，就是放弃整片森林。"这也代表了某些熟女内心的想法。

熟女与少男为何很难走进婚姻

中国古代四大爱情传奇，姐弟恋就有三对：白娘子和许仙，七仙女和董永，祝英台和梁山伯。每一对，女的都比男的大，这三对，都以悲剧收场。唯一圆满结局，是柳毅与龙女，估计女的比男的小。看来古代姐弟恋少有幸福，而且，古代文化也不鼓励。

当今社会，不少姐弟恋修成正果步入婚姻，但这是少数，普通人，熟女与少男的情感，一旦触及婚姻，可能会有什么问题？

一个发誓再也不碰少男的熟女小鱼儿说："我会迷恋一个少男，但绝不会深爱一个少男。就算你以为的深爱，也只是短暂的深爱，因为很快，时间会一点点剥掉你积淀的爱恋。"

小鱼儿自述的情感中，遇过两个比她小的男子。

第一个少男，表演学府的校草，偶像小生。优点是很讨人喜欢，安静待着，也不闷。但一相处，就开始母子关系，从照顾他穿衣吃饭喝水，到感冒买药接送，他随时丢一堆事让你解决。为了陪伴，只有放下工作、朋友，像家人一样在他身边。从我不太会做饭到研究菜谱，他打游戏我看电影。这样的日子，初期也乐此不疲。一个月后的一个深夜，我转头看着这张低头打游戏的完美侧脸，问他，你想过以后吗？他说："什么？你等一下，我快打完了这局。"我默默把头转了过去，原来，我们不在一个频道，他在燃烧青春，我在陪他燃烧我仅剩的青春。

第二个少男，歌手转型的演员，让人迷恋的小鲜肉。大男子主义带些温柔，情场的老练，让他非常清楚女性的情感软肋。这样一个体贴完美的小男生，却有成熟的行为，让两年没碰感情的我心跳、紧张、在乎、脸红，都出现在生活的字典里。我放下戒备和抵御，试着接触。但生活是最好的编剧，在两人情感最浓时，我去参加聚会，饭毕，同行路上，一富豪女沮丧地低头发信息，我多嘴，关心问了句，旁人答道，她刚和××吵架，失恋了吧。那一瞬间，我才明白，这个完美少男，原来长期被圈养。于是，这段情感便像烟花一样熄灭，留下死一般的寂静。

有些熟女，觉得和少男恋爱无功利，没有结婚的压力，没有未来的担心，纯粹唯美。这样想，未尝不可，只是你要准备好接手之后的落寞，因为越美丽的事物，越短暂。除非你彻底想通，人生就是一个旅程，反正有好有坏，无非是种经历。

有些熟女，面对少男，有种隐蔽心态，估摸对方也没打算和自己天长地久，反正今朝有酒今朝醉，明日再担明日忧，既然两个都不错，那就索性"你在，享受所有；你走，不留不恨"。

有些熟女，内心是矛盾的，既贪慕小鲜肉的温情和刺激，又希望自己仰视伴侣，而后者只有成熟的男人才能让她做到，可当下自己两种感觉都想要，所以，先不想下定论，心里想的是，等到哪天折腾不动了，找个男人相依到老，不问情事。

有些熟女，她们的付出，需要未来修成正果得到回报。虽然最后捶胸顿足，大呼自己浪费了青春，但遇到下一个造梦的小鲜肉，依然会栽进去。倒并非小鲜肉不努力，只是她被逼婚逼急了，自然操之过急，没耐心等小鲜肉成功。和小鲜肉一起，会很纠结，时而觉得已经两年，你咋还没成器，时而满心希望，其实是做给别人看。红女自己情绪不稳，也导致难以和小鲜肉修成正果。

熟女与少男最大的问题

电影《东京铁塔》，十八岁的小透对长他二十岁的有夫之妇诗史一见倾心，三年来，他心甘情愿地守在电话机旁，等待她的召唤。当然，也有不甘，雨夜，他不让她回家，想让她脱离给她精致生活的老公。两人情事败露。诗史被小透的母亲当众羞辱，小透则被诗史的老公踢下十米跳台。从游泳池里爬起来的小透，不顾一切，走向晚会中坐在寂寞一角的诗史，抱住她说："我好想见你，我不是你的玩具。"诗史却说："你不该到这里，我不要坏掉的玩具。"小透在绝望中爬上高楼，望着东京铁塔，跟诗史说，要从此消失……

影片结局，诗史断了她的婚姻，到法国寻找小透，两人在黄昏的铁桥上相拥。在爱情和稳定的生活之间，虽然后者让人心有不甘，但选择前者却需要非凡勇气。

在萨冈小说《你喜欢勃拉姆斯吗》里，高富帅少年西蒙在雨中等待比他大十多岁的宝珥从店铺出来，雨淋湿他的外套，两人相视无言。西蒙瞥到街边的演奏会广告，痴痴地问："你喜欢勃拉姆斯吗？"宝珥却苍白而美丽地叫他走，她不能爱他。

亦舒对此注释：恋爱过后怎么办？结婚？嫁个小若干岁的丈夫，需要很大勇气。婚后开门七件事，神仙眷侣不得不面对现实，落入俗套。最可怕的，是养儿育女，孩子一出生，那响亮的哭声，能把最洒脱的男女打回平凡的原形，这便是恋爱的后果。

婚姻带来的问题，不仅是熟女与少男面临的，而是所有走入围城的男女共同面临的问题。

> 熟女与少男的问题是，他们在最美的一刻相遇，他沉迷于她的成熟，她借他的激情，暂时忘却寂寞。但最美的时刻，又很短暂，犹如玫瑰，美得愈烈，凋零愈快，除了伤感，就是叹息。

诗史的老公对小透说，比你大二十岁的女人，你能跟她缠绵到几时？当你三十岁，她就已经五十岁了。小透的母亲对诗史说，你独占了我儿子最宝贵的三年。但这三年，何尝不是诗史最后最好的三年呢！这之后，可能就只剩下难以挽回的失去。

熟女与少男间的吸引，首先是生理上配合的完美，这道理大家都懂。从人性来说，男二十与女三十，欲望的强烈在同一层次，同一年龄层的男女性需求反而没这么般配。

熟女与少男结合，有的是艺术美感，难的是延续生活。作为熟女，必须做出判断和取舍，是纵身激情，还是止步未燃。

不需验证的是，纵有无数前车之鉴，仍有万千扑火之蛾。古老的情节被历代传诵，经久不衰，只能印证——人性的需求无法抑制。

熟女爱少男，无可厚非，只是个人选择，但为了不让你的爱变成遗憾和伤害，你要避免自己一时冲动而不顾后果地爱，需要遵循以下几点：

第一，理智地自我分析。

　　要分析自己的情感需求是什么，爱少男的什么，是对方的青春活力，让自己重返年轻？还是因为年少时的校园恋情，中年想获得补偿？或是不求天长地久，只要恋爱的快乐，不想婚姻的束缚？恋爱开始前，认知自己内心越深，越能避免烂桃花，避免堕入自己根本不想要的恋情。

第二，洞察对方需求。

　　凡是能与熟女恋爱的少男，也有他自身的需求。作为熟女，除了清楚对方身上有什么是自己想要的，也要洞察对方，知道对方想从自己身上得到什么。这样讲，对于有些脑门发热的红色熟女来说，很难接受，她们会觉得这样太理性，但要是没这步，被消费感情还算轻的，多少身熟心不熟的大龄单身女性，爱上对方扮演出来的年轻帅气人设，迷恋情绪价值，掉入"杀猪盘"陷阱而不自知，更加恐怖。所以，熟女须知，防身必备——性格色彩。

第三，以最好心态做最坏打算。

　　恋爱前即便想得再理性，一旦恋爱之帆开始张扬，熟女还是很容易昏头，智商下降，昏招迭出，尤其是情绪起伏大又容易受外界影响的红色熟女。更何况，恋爱中的每一步，并非自己一方可全然掌控，对方的态度，客观环境的变数，周边人的各种看法，都会带来考验。唯一不变的方法是，做最坏的打算，即便没有结果，无愧于心，无负于人，享受过程的美好，足矣，抱着最好心态，把每天当作最后一天来过。毕竟开启这段关系，对熟女而言，重要的是一个情字，若非为了激情与甜蜜，不会走到这步，那么就好好享受，万一有一天，到了不得不分开时，坦然祝福罢了。

11

痴慕大叔
——恋父情结是宿命

有些女孩只要提到自己的父亲，立刻眉眼流淌着爱慕，择偶标准也会凝为一句话——找个像我父亲一样的男人。因为她深知世上很难再有一个男人像父亲那样爱自己。如果某人爱你如生命，还能用你喜欢的方式爱你，那么此人的一切缺点，都将被自动屏蔽。

有恋父情结的人，通常发生在两种女孩身上：一种是从小失去父爱，或没体验过父爱，从而渴望父爱。另一种是对父亲无比崇拜，认为强者就该像父亲一样。

在恋爱时，强烈的恋父情结，也称为"大叔情结"，或"老男人情结"。有这种情结的女子，通常有两种价值取向：一种是和老男人一起，自己会有更多成长，不能让自己成长的男人，无法让自己尊重，就不会有爱，这是黄色。另一种是和老男人一起，可得到自己要的感觉，这是红色。

黄色性格恋父——要的是降服自己的老男人

黄女在追求事业成功上，比其他性格的女性更强烈，黄女的恋父，总想找个让自己心甘情愿臣服的男人为伴。

京剧名伶孟小冬，一名坚毅果敢的黄女。十八岁只身到京城，以老生扮相赢得"冬皇"称号，与梅兰芳成就佳话。梅兰芳比孟小冬大十四岁，当时已有妻室，孟小冬不顾流言，毅然下嫁。其后，发生了两件事，摧毁了二人感情。一件，是孟小冬的一个疯狂粉丝，冲进她和梅兰芳的住所，在混乱中打死一个人；另一件，是梅兰芳的伯母去世，孟小冬以二房身份去戴孝，却被梅兰芳的另一位夫人赶了出去。

第一件事中，梅兰芳身边的很多人，怀疑孟小冬与这个粉丝有不正当的关系，梅兰芳没有站出来挺她；第二件事中，梅兰芳没站在她这边保护她，反劝她回去。因此，孟小冬感到这个男人不是她心中想要的"强者"，甚至连当初给她名分的诺言都兑现不了，断然登报离婚。离婚后，孟小冬寄情事业，将"冬皇"的名号做得更加响亮，最终，四十二岁时，嫁给了上海滩最厉害的男人杜月笙，彼时，杜月笙已年过花甲。

很多黄女，从小到大，一直不乏爱慕者，但总觉得同龄男生不成熟，不是只懂耍酷的绣花枕头，就是只会读死书的书生。

> 黄色性格女子强烈期望从男人身上学到很多东西，让自己快速成长，可足够营养自己，让自己仰视。

大四下学期，我在广告公司实习。我学的是财务，带我的，是我同校比我早毕业十五年的前辈学长严。公司刚好接了一个大项目，严是执行人之一。每天他都忙得昏天黑地，初来乍到的我被分配的只是打字，我很郁闷，一直没机会表现。

一天，严把我叫到办公室，原来，我把合同上的金额少打了一位数。严劈头盖脸，训了我一顿，不过是个数字，至于吗？严看我不以为然，气不打一处来。我哭着走出他的办公室，对我的反应，他也慌了，连忙发消息向我道歉。我没理他，而是一味地顾影自怜。晚上，严约我吃饭，我们谈了很多，我知道了他的不易。要是没这次风波，我俩可能就像平行线，永远不会交汇。那次后，我情愫暗生，认真的男人最有魅力。

为了不被别人说闲话，我应聘到了另一家广告公司。公司正在起步，我一去，就被委以重任，我暗下决心，不能辜负老板期望。那一年，我学会了拜访客户、独立策划、提案、执行。所幸，有严的支持，我进步很快。但渐渐地，我发现，我不再像从前那么需要他了，他对我的有效建议，也越来越少。记得有一次，严问我："你一直说需要找个让你仰视的男人，可如果有一天我不再让你仰视，你会不会离开我？"面对表情严肃的他，我一时不知如何作答。严从我的沉默中，得到了答案，我想，他大男人的自尊心一定很受伤。

我采访过很多喜欢大叔的女子，为何在自己青春豆蔻男人随抓一把时，找个比自己大许多的男人？回答通常是，我很崇拜，他人生经验丰富，可以教我很多，年纪差不多的人自己的生活都一团糟，有什么资格教我？

晶，跟比她大二十岁的男人在一起。那段时间，未打算结婚，只是希望有人照顾自己，并且从他身上学习，在她看来，成熟男子能用最快速度帮她解决问题。

记忆最深的事，办公室保险柜钥匙有两把，领导都放在晶那里。有一次，晶在国外休假，领导让她带钥匙回去开柜子，结果她不在。晶事业心很重，领导信任自己，但万一下次开柜子，再不及时，耽误工作怎么办，钥匙给其他同事肯定不行，领导自己又不肯拿。惆怅时，男人出了个主意，两把钥匙，一把用胶带粘在领导办公桌下，另一把自己拿，下次领导有急事，就对领导说，我走前粘了把在您桌下，交给其他同事我不放心，也怕耽误您工作。此后，领导对女孩更满意。晶更加仰慕这个成熟男子，感觉跟他一起，成长神速。

黄女为何恋父，在性格色彩 III 阶卡牌大师课程上，一位学员分享得袒露无遗：

我从小很狂妄和自以为是，年少时，一直认为自己能出人头地。表面低调，是因为家境贫寒和父母不和引起的自卑。小时候，我不爱跟人交流，后来考上重点大学。大三时，决定考中科院研究生，一次没考上，就租个房子，独自一人，艰难地又考了一年，终于成功。

刚毕业时，谈过几次恋爱，男友对我印象统一。开始觉得我很完美，聪明漂亮善良坚强；交往一段时间，觉得跟我一起，少了点什么，因为我很主动，有太多想法；过段时间，觉得我心理缺失，而且强势。总之，不合适。

后来八年里，我不再谈恋爱，重心在其他方面。直到有个比我大十六岁的优秀男人爱上我，他向我表白时，我才注意到他。他很能包容我，很有男人气，也很温柔，我发现自己需要这样父亲式的能降服我的男人。他离过婚，有小孩跟前妻，当我发现他对前妻和孩子放不下，对他产生了不满，尤其，他总瞒着我接前妻电话，我觉得，这意味着不尊重我。

后来，我们冲突升级，他的一些做法激发了我的挑战欲，我禁止他接前妻电话，不许他去外地看前妻和孩子，他越来越逃避。最后，我对他失望了，放弃了。这事以后，我陷入了迷茫。我觉得男人应该是强大的，但现实中遇到的男人都太弱了，也许，我该独身，不再浪费时间。

前几任男友，均因黄女"过于强势"和"跟不上节奏"分手。最后一段，不得不说，是这个女孩的悲哀。在火力全开的攻击下，让这个有包容心的男人逃之夭夭。可怜的是，她居然认为是对方太弱，她以为，限制男人去看前妻，让对方屈就妥协，说明自己在这个男人心中很重要，但事情的本质，是她妄想割裂男人所有的历史。她不明白，这种强迫只会让这个男人觉得自己不仁不义，让男人面对自己的孩子充满愧疚。对男人而言，既不相信自己也不近情理的女人，怎么能长期接受呢？

> 黄色性格需谨记，工作和爱情，是两个完全不同的领域，切勿把工作中对事的强大"控制力"复制到情感中，变成让人无法忍受的"控制欲"，也没必要把婚姻变成权力争夺的战场。

在这个问题上，最有代表性的当数邓文迪，因为执着和目标坚定，她完成了世人认为不可能完成的任务——在三十岁时，成功拿下六十八岁的默多克。后来，在英国议会上向袭击者扇出五指山的护夫神举，也被世人津津乐道，但很遗憾，在与默多克的婚姻战斗中，最后不欢而散。

红色性格恋父——要的是那种备受宠爱的感觉

才女张爱玲，是红色恋父的代表。她出生于金粉世家。四岁时，母亲离家出走，父亲教她念诗读书，还带着她出入咖啡馆、夜总会，她对父亲有种特别的依恋之情。后来，父亲另娶继母，听到这个消息时，她正在阳台上，想："如果那女人就在眼前，伏在栏杆上，我必定把她从阳台上推下去，一了百了。"后来，继母进门，果然发生很多不快，父亲因此把她关在家里，她感到十分痛苦。

二十六岁时，张爱玲遇到已有妻室的胡兰成，两人年龄相差十四岁，这段爱情，已有几分恋父的味道。婚姻失败后，张爱玲独身多年，一直到三十六岁，张爱玲在美国文艺营，分到了宿舍，有了自己的工作室，在这里，认识了一个叫赖雅的六十五岁男人。张爱玲孤身一人漂泊异国他乡，没有绿卡，举目无亲，寂寞苦闷，而赖雅则是第一个从精神等各方面关怀她的男性。

因为童年缺失父爱所导致的恋父，常见于红色人群。

> 红色性格女子恋父，恋的是父亲般的宠爱和呵护。执着于此的女人，往往认为，同龄男人给不了她们要的关注和认可，而老男人，事业稳定，为人成熟，有足够条件和阅历给予她们渴望的爱。

学员小唯，因恋父情结，已耽误多年，感到迷茫，课堂上说：

我有个糟糕的父亲，这个不讲道理、脾气暴躁得像魔鬼一样的男人，用我母亲的话说，吃喝嫖赌样样有，恶俗到常跟我母亲讲他的风流韵事。我们一家一直活在无奈与恐惧中，我跟哥哥亲眼看着他打了我母亲一辈子。有一次，他对母亲动手的时候，我挡在前面，他居然拿刀指着我说要杀了我。在我的心里，没有父亲。

十年前，我认识了人生中第一个男友，四十八岁，离异，韩国人，而我那时只有二十三岁，对男人一片懵懂，从未谈过恋爱。

他是我老板，很关心员工。记得有一次，他看到我们的办公桌坏了，用棍支着，他一脚把棍子踹了，并大骂负责人，说怎么能让员工用这样的桌子。他经常带韩国糕点给我们吃，对我尤其好，知道我加班回去太远，让我单独住员工宿舍，给我配全新的家具，我当初没想太多，因为我觉得我工作努力，这些是应得的。后来我开始关注他，我发现他每次开车经过门卫处都跟门卫挥手，喜欢毛绒玩具，是个善良且有魅力的男人。我爱上了他。

我们开始的大半年很好，后来他越发忙了，无暇顾及我，别人说，他跟秘书住在一栋楼里，虽然他后来解释，秘书的父母给他做保姆，但我还是排山倒海地怀疑以及嫉妒。

后来上海分公司成立，我请缨做财务，我很忙很累，但他很少打电话给我，甚至几个月都不看我，在我听到他种种复杂的关系后，再也忍不住，疯一样质问，他总是回避，让我痛不欲生。后来我辞职回家，我们和好如初。

突然，他又很忙碌，我独自去旅行，旅行完直奔他家，想给他惊喜，晚上在他家门外等了三个小时，大约十点多，我等来了他跟另一个女人……我在他家小区坐了一夜，第二天早上我敲门，他刚外出，我见到了那个双手叉腰的女人，她使唤着保姆，并嘲弄着我的无知，我跑去追他，想问个清楚，那个女人居然开着奥迪跑车过来说带我去找他……

事情已经过去五年了，五年来，我一直单身，我不再相信爱情，我怕失败，也不知道什么样的男人适合我，我怕不能给未来的孩子一个幸福完整的家庭，我怕的是，在以后的爱情里把握不住自己。我想要找的男人，是无条件地爱我、包容我的，但似乎再也遇不到这样的人了。

若你是个没成熟的小女生，成熟男性能敏感地发现你的情绪，细腻引导你的情绪，了解你的全部心思，知道你的全部需要，但不会明显让你感觉到他早就知道，这正是他们的高明之处。最后，他们让女人，对他形成生活和精神的双重依赖，回到少时"饭来张口衣来伸手"的感觉，觉得真像老爸，所有事都能解决，不会让你操心。

他们可以不厌其烦地每天为你准备一杯牛奶，可以絮絮叨叨地问你头疼不疼，感冒药吃了没……总之，他不会在电话里上来就问"想不想我呀"之类的小儿话，他把女人当孩子照顾的感觉，让女人感激涕零。

红色的小唯，从小缺失父爱，成熟男子的呵护，让她无忧；成熟男子的稳重，让她发现自己可人；成熟男子有些经济底子，基本满足了所需一切。在成熟男子的魅力下，难免迷失，七荤八素，神魂颠倒，陷入情网。对小唯来讲，成熟男子就是她人生中爱的寄托，但因对方复杂的情感关系，小唯本想给惊喜，谁知变惊吓。

红色可能从未想过，她爱上的可能不是这个男人，而是这个男人带来的她需要的感觉，这个感觉本应是由父亲给予的。像小唯这样的红女，有强烈情感需求，成长中遭遇外力打击，长期得不到情感满足，看上去，貌似沉默寡言的蓝色，可内心一旦触动，不可阻挡。当自己内心成长，成熟坚定后，对大叔的渴望也没那么强了，或许反会发现，年龄相仿、志趣相投的男人，才是真正的幸福归属。

我在安徽卫视《超级演说家》第三季带了一个学生，是来自宝岛台湾的小朋友——林孟欣，她是和崔万志（就是在总决赛上我为他喝酒饯行、打抱不平的那位残障学生，结果，遭人陷害，网上断章取义说乐嘉耍酒疯。虽然节目组黑幕，不让他夺冠，但事实是，他的那篇比赛演讲《不抱怨，靠自己》，在全网点击率逾60亿，创国内励志演说篇最高纪录）同时参加那季演说家节目中年龄最小的师妹，培训过程中，我们聊了很多关于她的爱情。

小时候父母离婚，爸爸没陪过，所以，潜意识里，就喜欢能陪我、让我长大的男生。初恋时，我十八岁，对方三十二岁。他脾气不好，我总能包容他等他，他也总向我道歉，我觉得当时喜欢他的原因是：他总会很细心观察我需要什么，买热水袋暖我的胃；知道我手机没电，买充电宝给我；知道我考高中，就督促我念书，不像其他同学一样，每天谈情说爱。他陪我哭，陪我笑，我尽我所能成为他的小助理，我们互补不错。也许他很适合我，可我不在他的计划之中，这是我们分开的原因。

后来，和一个刚大学毕业的男孩恋爱，开始可以玩到一起，但人不舒服的时候，他硬要我陪他出来玩，还怪我为什么出来玩还给他摆脸色，完全不管我的身体状况。他总觉得我不爱打扮，我那时为他穿了裙子，我的闺蜜都难以置信。不到三个月，分手。

154 以前认识一个网友，无话不谈。有次演讲比赛，彩排前我紧张，打给两三个朋友，只有他接了电话，我才发现我竟然愿把最脆弱的一面，摊给一个从未谋面的三十岁男人看。去年圣诞，他准备来陪我，可节前他车祸，躺在家一个月，周围朋友一直推着我去看他，到上周，才第一次见面，感觉认识很久，但没发生任何事。然后，他更热情，我反不知怎么面对，朋友问我："真的喜欢他吗？"其实，我现在才明白，自己不喜欢他，而是乐老师您说的这句话——"这个男人带来了她需要的那种感觉，而这个感觉，本应是成长中由父亲给予的"。

其实，乐老师您帮我解开我和父亲这么多年从不交流的"心结"，现在想起爸爸，没有委屈和失落，多了和他相处开心的回忆。现在面对爱情，我终于不再需要其他男人给我那种父亲的感觉。

本文开篇我明确指出，两类人内心都有恋父情结，其中一种，是因为从小失去父爱，或自己没体验过父爱，从而渴望父爱。

不管你是恋父，还是爱大叔，名词并不重要。重要的是，你要搞清自己为何喜欢那些比自己年长很多的男人。是因为过去有太多美好的父爱，长大了要不够；还是因为过去从没有父爱，长大了想补上？是因为黄色的那种要成长，还是因为红色的那种要关爱？搞清本质，你会发现，答案显而易见。

无论是想要成长还是想要关爱，见了大叔就兴奋的原因就是，内心有个固化思维——年龄大的就成熟，年龄小的就不成熟。

因为老男人成熟，所以，不像年轻男人那样爱玩；不像年轻男人那样不分轻重；不像年轻男人那样没安全感；他们比我懂得多，他们可以教我很多东西；他们经历过情感沧桑，他们应该更愿意过稳定的情感生活，他们应该更懂得包容……

我亲爱的朋友，如果你真是这么想，你已经陷入一个巨大误区，你的这些想法，是建立在一个假设之上，那就是——老男人一定比小男人成熟，年龄大一定比年龄小有优势。老男人吃过的盐比小男人吃过的饭要多。但如果，这个老男人，一辈子没离开出生地，一辈子认识的人手指数得过来，一辈子工作一成不变，一辈子只谈过一个女友；而那个小男人，儿时流浪江湖，每天混迹于三教九流，遍尝人间冷暖。那么，这两人，谁更成熟？

我没给你任何暗示，也没引导你得出另一个结论。我只是提供给你一个思路，不希望你被生活的假象蒙蔽。

决定一个人是否成熟，并非年龄，而是经历。每个人底子不同，经历不同，感悟不同。此外，还和性格有关，有的人，一个跟头就快速成长，触类旁通，举一反三；有的人，一生不停地在同一个地方摔跟头。

　　　　不是所有大叔的外表下都有大叔的心。心
　　理成熟，绝不仅是外表成熟，而是有经历、懂
　　珍惜，可为你师，可为你父……大叔外表下可
　　能有颗小鲜肉的心，而小鲜肉的外表下可能藏
　　着颗大爷的心。

　　姑娘，只要你知道自己要什么就好。须知，老的未必真熟，小
的也会变老。

12

爱上有主
——恨不相逢未嫁时

"使君自有妇，罗敷自有夫。"

因为爱上已婚男人，苦苦等待不能自拔，从而耽误了自己的婚姻，这种情况在单身女子中，为数不少。

爱上已婚男人，该马上放手还是该勇往直前？这种问题，大家都谈烂了，可哪怕天天有，天天聊，永远都聊不出个正解，人们依旧那么热衷于辩论。

对不关己事的吃瓜群众而言，普遍观点是："第三者坏透了，破坏了婚姻稳定，如果不介入，人家婚姻好着呢。"

可如果爱的这个已婚男人，刚好在婚姻中夫妻双方都不想继续，但没有外力推动，双方都在苦海中挣扎，而这个第三者的出现，刚好帮助他们都如释重负，顺利解脱，让彼此都找到新的幸福，这种爱可以吗？

张三们认为，噢，听起来没毛病，舍己度人，有观音娘娘再生的风范；李四们认为，非也，要下手那你也要等人家离婚后再去下手，只要婚姻的一丝气息尚在，胆敢靠近者，人人得以诛之。

以上这种情况，大家的分歧还没那么重。在现实中，人们刀戈相见的情景，多见于婚内只有一方劈腿，瞬间，人们对第三者的讨伐就来了。

对第三者的鄙视，我一直觉得是因为历史传说和文艺作品里，男人的形象是陈世美居多，一旦婚姻破裂，原配最终都人老色衰，为家庭和男人辛苦一辈子，全为他人作嫁衣，自己一无所有，只能眼巴巴看着那二人逍遥快活，所以，人们认为，都是第三者造的孽。

对当事人而言，由于彼此站的角度和立场不同，大家对"第三者"的定义也不同。有两种流派，比较常见：

第一种，原配认为，凡是第三者，必定是"苏妲己"和"周芷若"，看上了我男人事业有成，所以，才仗着姿色不知廉耻地勾引男人，妄图快速便捷地换取男人的金钱，缩短自己的奋斗时间，直接攫取作为糟糠之妻的我多年来苦心栽培和患难与共的胜利果实，还处心积虑地妄想篡夺妻子身份。

第二种，后来者认为，爱情不分先来后到，爱情至上，不计回报。《泰坦尼克号》中的萍水因缘，还可成就露水夫妻，但泰坦尼克号沉没的那一刻，不离不弃同生共死的两个人，瞬间让爱大过天地，那个情境下，没人觉得这个爱情不道德。

何况，现在都什么时代了，婚恋自由，人人都有选择自己幸福的权利。只要真爱，那就道德。无论外人如何评价，也要向世人昭告，就算没有天长地久，爱情依旧存在——怀揣这种想法的，多是插足者自己。

本文无意对"第三者"做道德评判。这种道德问题，容易把读者率先带入复杂的情绪，很难客观冷静地面对自己的困惑和痛苦。我想表达的重要观点是：对单身女子而言，若真爱上已婚男人，会面临道德拷问，被负疚感包围，前面说的两种概念，也许你早就知道。可有些也许是你不知道的，有很多爱上已婚男人的姑娘，正是属于两种情况都不沾边，她们的自我认知很迷茫，走一步，算一步，根本不知道自己要什么。

走一步看一步

前段时间，老友来看我，坐下就唉声叹气，她表妹和已婚男人深陷情劫十二年，她想帮妹妹斩断乱麻。

表妹比我小两岁，大学读书时传言，每天上完课有轿车接她，风雨无阻。我找她求证，她闪烁其词，末了说："姐，你别管我，没事。"我真的就没管，想着她才二十岁，不管找怎样的男人，多点经验而已。毕业后，我去了另一座城市发展，逢年过节去她家看她和她妈。她爸很早就没了，她妈极温和。她一毕业就搬出去自己住。我隐约听说，男友给她买了一座别墅，她就住里面，没事抱着金毛出来遛遛弯，见到熟人躲着走。

我跑去找她。她承认自己当了第三者，但说不是为了钱，是为了爱。至于婚姻，可以不要。男人做生意，在几个城市之间来回落脚，老婆儿子都在外地。我劝了她三天，她油盐不进没反应，最后我气了："不管你了！出事别找我！"

一晃几年，我已是孩子妈，忽然接到她的电话。她告诉我，她还和那个男人一起（算算有十二年了吧，多恐怖），男人两年前说离婚，给她一个名分，但到现在也没离，一会儿说儿子不让，一会儿说股份不宜分割，现在索性完全不提离婚，还是按照老规律，每月回来看她两次。我说："别傻了，他不会离的，赶紧把别墅卖了，卷铺盖走人，我给你介绍一个更好的。"她说："姐，我已经习惯了这样的生活，要是生活里没他，我不知该怎么过。"听了她的话，我气不打一处来。像摊烂泥一样，一点主心骨都没有！

劝她少安毋躁后，我跟她确认："你希望表妹怎么做？"她平静下来，说："我不想逼她做什么，但她很消极。在我看来，不管是摊牌，还是切割，都比这样耗着强！"

我问老友："以你对你表妹性格的了解，你希望你的表妹得到什么？"

假如此刻想帮你表妹，最该做的，是先用性格色彩卡牌，帮她认清自己的性格，看清形势，以及将来的可能，至于她的人生选择什么戏上演，她愿意吊着，还是走出苦海，还是死磕到底，由她自己决定，并承担自己决定的后果。

老友介绍表妹找到一位性格色彩卡牌大师做了两次卡牌。

第一次，做"十二张牌解读人心"，表妹发现自己的性格是绿色，得过且过、缺少让自己变得更好的欲望，是最大问题。

第二次，做"情感关系牌阵"，让她看清对方是红色，一直以来，对方对她的拖延和逃避与性格有关。测试完后，表妹醍醐灌顶，之后，表妹逐渐脱离了无所事事抱狗发呆的生活，找了份工作，在具备一定经济能力后，与已婚男和平分手。

无论开始时是为了爱、为了性，还是为了安全感，一旦相处时间久了，男人的原配又是温顺贤良的那种，已婚男往往会拖延不断，对年龄越来越大的情人而言，无异于被"套牢"，这种进退不得的感觉，犹如百爪挠心。

我爱的那个男人突然离开我

爱上已婚男人，如果最终男人回归到他原本的那个家庭，给你空留一片情感废墟，情况更糟。以下这封来信，讲述了这样一个被套牢姑娘的心酸。

我叫小米，写下这几个字，我就不知从何说起了，我以为自己情商还行，三十二岁守寡至今，和他爸妈一起生活九年。当初选择和公婆一起生活，除了替夫君尽孝，也是为了筑起一道围城，专心守护对夫君的爱。

树欲静而风不止，一个男人闯入了我的生活。他有家有室，他用了三年的时间发了不少于一万条信息，几百封邮件。他告诉我，他老婆从结婚起就对他不忠，结婚十几年都不肯替他生小孩，甚至怀孕了都去流掉，直到三十九岁才生了个儿子（因为她亲口承认了她的不忠，他怀疑儿子都不是他的，当时说想去做亲子鉴定。我劝他不要做了，因为我了解他，即使不是亲生的，养育了这些年，感情是深厚的。更重要的是，不做鉴定还有些希望，可以自欺欺人也好，老怀安慰也罢）。我和他相识多年，对他和他的家庭都有一些了解。他说，已经无法继续这段婚姻了，但希望等到儿子上了高中以后再结束。

去年五月，我接受了他的感情。不料今年五月，他弟弟患淋巴癌去世，他突然说对生命有不一样的体会，他老婆拼命折磨自己，已经瘦得皮包骨了，他看了心如刀割，对我说："没办法，只能回归！"我崩溃！在鬼门关徘徊四天后回到人间。到现在，半年了，我知道自己走了条不该走的路，每次，当我的心情平复些，他总会在我的生活中出现，但，跟我已经结束了。

我原来靠对前夫浓浓的情，和他留给我深深的爱，忙碌平淡却充实地生活着。如今，一切都没有了，我告诉自己要坚强，要忘记，可是，我做不到，我感觉自己被欺骗被利用。我也对自己说，不要紧，跌倒了爬起来继续前行，但是，我无法做到，我知道这样下去不行，可是，我该怎么办？遗失了最珍贵的——对男人的信任，颠覆了对爱、忠诚、承诺的一贯认知，呵呵，很傻很天真！最不应该的是将一个很好的朋友变成了一个最熟悉的陌生人。我才发现自己是那么不了解他，你告诉我，这个世界有这样一种男人存在吗，再耻辱也要回归的男人？

很不幸，我必须告诉小米，这种人确实存在，这个故事最有可能发生在红男身上：

162　　　1.三年，因为那人性格是红色，平均一天十条信息，几天一封邮件，这是典型的红色强烈的倾诉欲。

2. 还不知何时婚姻结束，就主动承诺未来，这点可以排除蓝色和绿色，因为这两种颜色都很难主动表白。

3. 黄男为了追求她，不会自揭其丑，告诉她，他的老婆不忠，等于在自我贬低。

明白了男人是红色，一切就很好理解，为何他回归得如此"突然"。红色受感情的影响大，这是他做出突然决定的原因。对红色而言，"情感牌"最有效，当他看到老婆"瘦得皮包骨"，一下被触动。他把自己看作一个忍辱负重、回归家庭的英雄，行自我感动之实。

虽然知道男人是红色，但对小米来说远远不够，她需要重新认识并重建自己，所以，她来到性格色彩线下课堂。

学完卡牌师和卡牌大师课程后，她成为一位有能力帮人做性格色彩咨询的职业卡牌大师，不但自己从痛苦中走出，而且帮助了更多像她当初一样痛苦的人。

四种性格插足者的分析与建议

如果两人相好日久，男人跟女人信誓旦旦一定会离婚，不同性格会有什么反应？

通常，只有黄色对此事有一个明确的日期，到期你若没搞定，要不我走人，要不我出手解决。能够安安静静做情人的，怕只有绿色，即前面故事中好友的表妹这样的角色。

站在男人的角度说话，婚外情中最不惹事的当数绿色。最容易出事儿的必定是红色。红色，在情感上高度需求，不是那盏安安心心的省油的灯，婚外恋除非对方也有家室，否则必然要花大量时间关照，除此之外，如果自己老婆是个精明的"特工"，只要一个失误，必然一团乱麻。

♣ **给红色性格的建议：**

假如你爱上了一个已婚男人，情感闸门一旦打开，就汹涌澎湃，甚至失控，那么给你的最重要的建议就是，避免一切在激情和冲动下的决定。凡事百思而后行，说不定下一段恋情更好。

假如你也处在婚姻关系中，准备为了这段情感放弃现有婚姻，务必先做好独立生活的一切准备，不至于转瞬把自己逼入生活的窘境。假如希望争取，先做好最坏打算，即使最后失败，也不要因此怀疑爱情或自暴自弃，感情结束，只是漫长人生旅途中的一段插曲。

■ **给蓝色性格的建议：**

一向恪守规则的你，走到如今这步，也许，心中正编织着一个悲哀的剧本，所以，甘愿固守没有名分的爱情。

每个人都有权利做出自己的选择，每种选择，都需要付出相应代价，如果你愿意坚持，那就学学红色的乐观、黄色的坚定，别让负面情绪在心中累积；如果你打算放弃，就别因为天性的谨慎而反复思量、裹足不前，须知，放手也要趁早。

▲ **给黄色性格的建议：**

以你的理性，你很清楚自己要什么，在这段关系中，要么，你已经获得了足够的自己想要的东西；要么，你只是暂时停留，目标在更高更远的地方。无论哪种，在搞定目标的同时，还需尽可能照顾他人的感受，否则，一时的胜利，会让你在未来失去更多。

● **给绿色性格的建议：**

如果没有外力打扰，你可在任何一种关系中停留数十年，就像故事里好友的表妹，因为天性稳定，不愿变化，几乎很少考虑是否可以得到更多东西。这固然让与你相处的人很舒服，但须知，世上唯一不变的就是永远都在变化，即使你自身不变，也会逆水行舟、不进则

164

退，为了将来安稳，或许，你该走出安全区，为未来做些谋划。

不过，我也曾认识一个女人，为了等个男人，等了十几年，男人说，孩子小学毕业就离婚，孩子太小，不能伤害；后来又说，孩子上中学，叛逆期离婚，心理会受影响。后来，真等到孩子上大学了，这个女人最终也算等到了。

我说这话，既不想丝毫打击故事里好友的表妹，也不想丝毫鼓励那个表妹，就像开头说的，本文无意讨论道德问题。事实上，任何给当事人的，只能是建议，唯独当事人自己最清楚内心感受，如果你不知道自己要什么，一切建议，都是废话。

以下最重要的本质，需要你先搞清楚。

我若和你说："姑娘，别爱上有妇之夫，不道德。"显然，这话虚弱无力，是只会讲大道理的人讲的。真的有了真爱，挡也挡不住，这种"道德真君"的话，的确符合世情，未必符合人性。从人性层面，你需要认真思考的是：

1. 你是否真的知道你的需求和目标？

2. 你是真心爱那个男人，还是只是发泄争夺的欲望？

3. 你是否一厢情愿地认为你爱的那个男人认同你的做法？

4. 会不会你爱他，而他要的只是尝鲜？

5. 你确定你是真心爱他，而非一时兴起吗？

6. 你确定以后的生活，是你想要的生活吗？

7. 你确定能和这个男人走完一辈子吗？

8. 你确定你们在一起之后，对你俩都好吗？

9. 你确定你和他，铁定一条心吗？

以上这些问题，须知，是专为红色的人特别设计的。

在前文已阐述对不同性格的单身而言，一旦和已婚者有情感羁绊，每种性格的反应完全不同。

绿色天性怕麻烦，再好的良配若已是别人的男人，那也定是"凉配"，完全没必要去沾惹。在伟大的爱情和生活的平静两者之间，绿色本能地毫不犹豫地会选择后者，既不用打扰别人的生活，也不会让自己陷入烦恼，爱情，不就是那么一回事吗！绿色唯一的问题仅仅在于当已婚者纠缠不放时，自己该如何了断。

黄色天性目标明确，不喜欢拐弯抹角，偷偷摸摸。对于黄色来说，一切以目标和结果为导向，世上无不成之事，只要你肯付出代价。所以，如果爱上有主的人，他首先会向自己发出灵魂三问：我这是真爱吗？我这样继续下去到底值得吗？我愿意付出多少代价来赢得幸福？假如这三个答案均为"是的"，黄色不管别人怎么说，自己会尽力争取；假如三个答案中有"不"，黄色也会果断切割止损。

蓝色是四种性格中从天性的角度而言，道德感和规则感最为强烈的，故此，蓝色一旦开始恋爱，劈腿最少（详见《性格色彩恋爱宝典》）；蓝色一旦进入婚姻，出轨最少（详见《性格色彩婚姻宝典》）。正因为如此，在所有性格中，一旦成为第三者，蓝色的内心最为挣扎，心里最不能承受的就是蓝色。为免得自己越陷越深，蓝色在还没发展到非君不嫁前，就已砍断情缘，宁可"还君明珠双泪垂，恨不相逢未嫁时"。

对于红色，我提出这些问题，其实是想让你知道，若你有朝一日与已婚者发生情缘，你以为那个人就是你一生必定唯一的挚爱时，你特别需要多吸几口气，放慢你的决定，当你认真问完自己以上那些问题，当你的情绪平静下来，当你再回头看看自己采取的行动，也许你会有完全不一样的答案。

受伤篇

梦幻篇

折翼篇

耽误篇

13

善于折腾
——作天作地不消停

　　很多单身女子的幸福之路，是被自己赶走的，可惜，她们懵懂不知。在我的其他著作中，有一篇深度探讨"作"的文章，文中，我阐述了两种不同性格"作"的手法和后果。

　　蓝色的"作"是——难伺候，红色的"作"是——爱折腾。

　　■　蓝女的"作"，容易自我对话，自问自答，对方就像进到古墓，辨不得方向，阴森森地恐怖。除非蓝色自己找到出口，或对方终于做了件让她舒服的事，这才算暂时了却。但还没彻底完事，只是暂且记上一笔，下次如果再犯，旧账会继续叠加。

　　♣　红女的"作"，是大众口中通常说的"作"。红女爱作，会作，能作，擅作，把"作"当成挑逗的情趣。骨子里认为，我"作"，你就该哄我，哄不哄得好，得看我的心情，只可惜，红色最不会把握分寸，常常作过头，活活作死。

　　大学里，一群女生出去玩，其中还有个女孩的男友。不知男友怎么惹她了，就开"作"，一直各种唠叨，而且冲在最前面，男朋友一路哄，不停解释，都没用。一直这样，当着所有人的面，作了三个多小时，还是不依不饶，以至于最后所有人崩溃，要求分开来玩，她自己在那儿还没意识到。

作天作地，说的就是红色。红色的"作"极富戏剧张力，怎么夸张怎么来，而且时时需要观众。如果只有她和男友两人，那么，男友既要扮演对手，也须成为观众，要不然，这么好的演技给谁看。琼瑶剧的嘶喊镜头，最适合红色。红色作起来，就是诗人和疯子的结合，又能说又能演。红色激动时，也最易翻旧账，作起来，会把你之前以为已经过去的一桩桩事拿出来数落，并且痛不欲生。这就是为何红色发作难以控制的原因，而且，红色哪怕翻旧账，每次都能跟她第一次说时同样激动。红色常用来刺痛恋人的经典台词就是——"你敢做，不敢让人说吗？"

怎样"作"掉自己的幸福

一位刚恢复单身的学员爱莲求助，信中，她阐述了自己的婚姻是怎样"作"没的：

那晚，我发信息给老公，满心欢喜告诉他，家里添了个时髦的书桌，他极其冷淡地说："怎么又花钱了？"难道他不知道我买书桌是为了让他开心吗？他怎么可以如此忽略我的感受、误解我的好意呢？我忍无可忍，砸碎一面镜子和两个杯子。他夜班回来，看到一地狼藉，以为遭贼。当我哭着告诉他原因后，他厌烦地说："你有完没完？"我的心彻底死了。夜里，他睡着了，我不能合眼，想起他的表情，就忍不住泪流满面。

其实，我们结婚没多久。网上认识，一步步发展，当我说年底结婚时，他意兴阑珊，这会不会是对当初他热情似火规划未来时，我总是泼凉水的复仇呢？可我已经身陷其中，这辈子找个人过日子的话，只能找他。于是，我尽力周旋，终于嫁给了他。

我三十七岁，他四十一岁，我们都是初婚。他是电台总编，我曾
170　做过十年中学教师，后来是报社主笔，婚后辞职，专心写作，算是门

当户对。但在我摔杯子的那晚，我感觉我们的婚姻，到头了。

过了两天，我心里仍旧凄凉，他好像忘记了这事，还说要带我出去吃好吃的，我说："你跟小琴去吃吧。"小琴是他前女友，我也认识。他一下恼了，问我："什么意思，是不是不想过了？"我气得眼泪直流，立刻打电话给学法律的闺蜜，问她怎么办离婚。她劝我冷静，说法院下班了，即使要办也得明天。我说等不了，就现在办。我开车把他拉到法院，法院关门了，我围着院墙兜了三圈，又回来了。

这次闹过，关系缓和了些，他跟我说话都赔着小心，我也想好好珍惜，毕竟都这个年纪，找到相爱的人不容易。

后来又发生一件事，我无意中看到小琴发给我老公的短信"你挺不容易的，一直包容她"，一下就火了，他怎么可以把我们夫妻的事告诉别的女人呢？更何况，这个是他前女友！于是，我又摔了东西，他洗完澡出来不小心，玻璃把脚扎了。我们大吵一架，谁也不让谁。冷战半个月，朋友们调解无效，把婚离了。

距离我们离婚两个月了，我特别难受，一直想他。之前不觉得，离婚了才发现，其实他对我很好。最重要的是，离了才发现，找个合适的男人好难！我试着给他发消息，但他不回；我想托朋友跟他说说，但又觉得太掉价，好像自己真的没人要了。我该怎么办？

这个心智不成熟的三十七岁女人和十七岁的女娃，没有差别，对自己的情绪毫无自控，一点小小的刺激，就作天作地。这种"作"，刚开始，男人或许会试着包容，但多来几次，谁能受得了，两人关系必然被严重破坏。

当红女有所付出时，会强烈期待对方认可和情绪呼应，假如没得到，就启动"发作"模式；当红女发现男人关注另一个女人，比如男人向前女友倾诉，也会发作。可惜，这个男人也是红色，一旦她"作"，男人也"作"，同样情绪化，她的"作"就像不定时炸弹，让男人防不胜防，一碰双响，最终，同归于尽。

一个朋友如此评价太"作"的女孩："我觉得很多00后，在文字中大量描写自己的内心及痛苦，视野狭窄，对人生的观察不够，确实是阅历的问题。她们总觉得自己受了委屈，别人对自己不好，其实，心理上还没断奶。她们从小习惯受到别人关注，不明白人是需要付出才能得到，一旦别人不关注她，就受不了，一定要成为世界的中心，得到所有人的关注和喜爱才行。"

这里描述的00后，恰恰说的都是红色。在他的个人经历中，曾被好几个红色女友害惨。他的初恋，每次都会一言不合就跑掉，然后，他就得一个个教室去找，找到后，女友流着泪水责怪："你为什么没早点找到我？"而他，把这一切归于女友年龄小，不懂事。初恋的他，能忍受女友六年，而第二次恋爱，又碰到红色女生的他，仅仅忍受几个月，就火速逃离。

如果你是一个红色，掌握不好"作"的分寸，建议如下：

红色的"作"，就是情绪化。情绪占领高地，智商便下降。红色冲动地做出决定后，定会后悔，她们往往是叫嚷"离婚"最响的人；是最冲动做出决定的人；是碍于面子明知不该离可还是离掉的人；是离婚后找不到新伴侣就后悔的人。红色如果想控制自己的情绪，不让情绪发作最终伤害自己，就必须按照神奇的"情绪控制五步法"进行自救。

> 情绪控制五步法：生气不见人，见人不说话，说话不评论，评论不决定，决定不行动。

"作"的自救

爱情中，有很多渴望结束单身的红女，因为自己的"作"，让自己想要的男人渐行渐远。

我三十四岁，和三十八岁的男友恋爱半年。做过性格色彩卡牌测试，他测试的结果是"蓝+黄"性格。这半年，他每天早晨七点叫醒我，平时对我呵护，是个用行动表达爱的人。

最近，男友从上海总部调到合肥分公司，过去四天，完全变了个人，保持沉默，不回微信，屏蔽了我的手机。可以前在上海，基本是他主动联络我。

我觉得他已不爱我，这种情况持续一周多，我觉得没必要僵持。因为很爱他，不想为难他，打算自我牺牲，便主动写分手信给他，以为这样，他会轻松快乐。

他终于不沉默了，回信给我，说看到我的决定，很痛心。回信大意是：这儿的工作是个烂摊子，惨不忍睹。一百多个工作人员，只知争名夺利，阳奉阴违，项目推进很慢。老员工对他强烈抵触，他根基不牢。为了自我保护，不让对手看到破绽，不被轻易击倒，他不再每天给我 morning call，同时，为了集中精力投入没有硝烟的战争，他下狠心不回短信和邮件。他说，他以为凭我对他的了解和信任，会理解和包容。他说他低估了工作的状况和我对他的信任，并表示自己太专注事业，忽略了我的感受，能理解也能接受我的决定。

当晚我很自责，觉得误解了他，哭到凌晨三点。并在第二天晚上回信给他，表示我是无奈，才写的分手信，初衷是为他好，希望他早日回上海，我很想他，愿与他共同承担一切，但请他在发生变化时通知我一声。此信他未回，沉默。

我想也许他需要清静和空间。所以，上周我只发过一条关心的短信，他无任何音讯。

前两天，看您写的《本色》，书中提到，您此生永记一名女子，她在您的事业低谷期，一直不离不弃地鼓励您。所以，当晚我冒着自尊受挫的风险，发了条短信给他，表示我很好，勿挂念。他仍沉默。

昨天，我大学同学说，可能分手信令他伤心，劝我放下自尊，大胆争取。所以，昨晚，我又鼓起勇气，发了封邮件道歉，不应鲁莽之下写分手信，伤了他的心，请他原谅。并表示，无论他事业低谷或高峰，我都会陪伴左右。然后又发短信告知。他仍沉默。

我不懂他的沉默，我怕遭拒碰壁，每发一条短信或邮件，他无回应，我便感觉尊严一次次降低，产生退却放弃的念头。

从爱的角度讲，我很想珍惜，毕竟这个年龄遇到心心相印的人难得。同时，感觉自己未找到他沉默的真正理由，有"死不瞑目"之感。事业压力大，可以联络少，不能照顾我，我也无怨言，但给我回条短信的时间和心思，都没有吗？

分析此信，看能不能给你些什么启发：

1. 她的确是红色性格，而且情绪波动猛烈，"作"得厉害。

男友去外地工作，失联一周多，她首先判断男友不爱她了，并迅速写下分手信，理由是打算自我牺牲。如果男友本来天天联系你，现在突然不联系，而且还屏蔽了你的手机，你会觉得他早有预谋，这完全可理解。这个并不算"作"，可问题是，在没了解清楚真相前，就轻易做出决定，写下分手信，这种情绪的发泄，造成了一系列冲动。可惜，事实并非有如想象，而她冲动下的开口，对这个男人而言，显然是不信任，若想弥补不信任带给对方的伤害和打击，可能要事后百倍投入。

2. 她不懂性格色彩读心，对男友的性格洞察，完全瞎眼。

蓝色不会突然消失，即使要关机一段时间，蓝色也会给出明确预估，并提前通知她。绿色更不可能不顾她的感受消失，她的男友最有可能是"红＋黄"。因为对合肥的烂摊子有极大的烦恼，所以，斩断联系（也是因为深知她的性格，怕她的干扰，令自己情绪波动），以免影响工作。当收到分手信后，觉得自己被冤枉，感到愤怒，说明情况之后消失，是为了令她后悔，弥补自己所受到的伤害和痛苦。

3. 分手时，她犯的错误——不停地联系、打扰对方。

很明显，对方还在烂摊子里，对她还有很大情绪，这种不停的打扰，更加重了他对她的预判——一个很"作"的不识大体的女人。从来信可看出，她对自己的问题一无所知，这才是最大的问题，即使此事风平浪静，真的有机会重逢，也会重蹈覆辙。

4. 这个男人未必会再回来。

如果想解决这个问题，必须同时做到两件事：1. 对自己的情绪化，有深刻的洞见和彻底反省，详细写封信，自我忏悔和表示歉意；2. 在相当一段时间里，能控制自己情绪的稳定，因为对方一定要看到她的变化，否则绝不会相信。可这两点，我估计她做不到，原因是，她还没有发自内心地意识到自己的问题。

5. 如果她的"作"不解决，会成为通往她幸福之路的最大绊脚石。

假如日后再遇到相似场景，建议她多看多听多分析，在尚未弄清真相前，把想法藏在肚子里，不要轻易露出，覆水难收。当恋人不在身边时，做自己的事情，真爱，并不需要不断联系来证明存在。不联系，也许是种美好的念想。

> 假设你从小在家能通过撒娇而得宠，从而得到自己喜爱的玩具，从那时开始，你就懂得"作"在两性关系中的妙用。适当"作"，发嗲撒娇，可增加女性魅力；完全不"作"，难有情趣之美。唯一困难的是，你如何把握"作"的大小，"作"的时机，"作"的长短，"作"的尺度。

拯救"作"女，路途艰难，因为"作"女在情感关系未破裂前，无法自知，还有很多"作"女，把自己"作"的时候，对方能否哄自己当作衡量幸福的一个指标，殊不知，这都是在为自己的幸福埋雷。

很多男人可以接纳小"作"怡情，切莫大"作"伤身就好，但是多数"作"女，都无法将自己控制在小"作"而不发展到大"作"。

给愿意迷途知返的"作"女三点修炼：

修炼一，看清男人。

能忍受你"作"的，不一定爱你，不愿忍受的，不一定不爱你。男人追你时，往往可包容你的"作"，以此换得抱得美人归的可能性，但之子于归之后，没有男人愿意你继续"作"下去，关系越确定且持续，男人对你"作"的包容度越低，这是正常的。如果不降反升，反而不合常理，需要警惕，是不是他有其他事情有求于你或者有所隐瞒。

修炼二，看清自己。

喜欢"作"并且一发而不可收的女人，一方面，对自己的魅力有一定程度的自信，觉得即使自己"作"，对方也不会跑。另一方面，解读对方付出的能力差，需要通过"作"来证明对方对你的好，否则很难体会得到，仿佛只有对方忍受得了自己"作"，才是爱的表现。这两个问题都会给情感关系带来风险：前者，你的自信可能盲目，就算你是天仙，"作"过头，男人一样会跑；后者，你可能对男人实质性的付出视而不见，而只关注甜言蜜语哄你的这部分，这样的你容易被渣男迷惑，让好男人退却。

修炼三，控制情绪。

"作"的本质是情绪化，"作"不但影响感情，也会影响到工作和其他人际关系，把注意力都投放在"他爱不爱我"上面的人，对于工作是很难发挥高效的，对友情也是容易忽略的，整个世界里只有他，是作女的常态。所以，从根子上学习并应用性格色彩，把红色的情绪化适当控制好，才是治本之道。

善"作"的女人进天堂，不善"作"的女人下地狱。下回，在你准备大"作"之前，先看看你要"作"的那个对象的性格，是否适合你"作"，再掂量掂量自己"作"的技术，别弄巧成拙，"作"出情趣和"作"出风格，是需要认真修炼的。

14

无限依赖
——连体婴儿为哪般

你见过这样的人吗：把爱情当氧气，少了就无法存活；害怕孤单，身边貌似很多朋友，但真正感觉孤单时，却没什么能说心里话的。

每当这种人恋爱，就会将恋人看成自己的全部世界，每分每秒都不能离开视线，恨不能两人成为二十四小时连体婴。

这种病，叫"情感依赖症"。得了这病的主儿，个个情路悲催。

刚学性格色彩的人，都觉得软绵绵的绿色没主见没想法，必定是依赖性最强，深入钻研，方知乃世间大谬！

两种依赖

依赖性有两种：一种是情感依赖，一种是做事依赖。

● 绿色：做事有强烈依赖，缺乏主见，没有目标方向，需要别人代她做决定。但情感上，对人没依赖，即便没人陪她，一个人待着也能自得其乐，享受周而复始的平淡。你看到的"夫唱妇随"，本质上，不是依赖，只是生活的惯性。

♣ 红色：做事有强烈依赖，想法多，下不定决心，不知怎么选择，需要别人给她鼓励和建议。比如，出门买衣服，绿色没概念，不知从哪儿下手，常问"我该买什么？"红色是想买的衣服太多，需要割舍时，亟须外界推动和肯定来帮自己决定，常问"这两个哪个更好？"而在情感上，红色绝对不像绿色那样无所谓，情感依赖性超强。

接下来，做个情景模拟，你就明白了。

假如，热恋男友出差，说好明天回，突然发信息给你，有事要推迟两周。接到消息，你会怎样反应？

♣ **红色性格：** 失望、沮丧、生气、伤心、埋怨，打电话抱怨："说好明天回，为什么变了？我不要！"没事就打电话撒娇、求关注、求表扬、求抱抱、求呵护、求温暖，想每分每秒和他一起，得不到，就会拿让对方失去威胁，一切都是因为希望被关注。

■ **蓝色性格：** 为何说好的时间变了？到底发生了什么事？会不会有些事他不想让我知道？

▲ **黄色性格：** 只要理由正当，晚回无妨，正好我多出几个晚上，可以加几天班，把这个月指标提前完成，手中几本书也赶紧看完！

● **绿色性格：** 噢，晚几天回。嗯！我还是一样每天下班回家烧两个小菜，吃完饭看会儿电视，到点了洗洗睡呗！

黏人的背后根源

恋爱中，红色一旦投入恋情，依赖性就会彻底天性解放，心里觉得"终于找到一个依靠啦"，此处的"依靠"，非经济依靠，而是"我把自己交到你的手心"。殊不知，崇尚独立的黄色对此非常痛恨。

> 红色性格的"依赖"，是找到一个可以管自己的人。

芳妮在公关公司工作，工作原因认识了马来西亚华裔山姆，山姆俊朗，能力强，欣赏芳妮的可爱活泼，两人很快成为恋人。但搬到一起住后，山姆发觉芳妮变了。

原本，在他心目中，芳妮充满活力，但同居后，她不再愿意独自外出，上下班都要求山姆接送。山姆偶尔工作忙，不能接送，芳妮就不开心，说山姆不爱她。不仅如此，来"大姨妈"时，芳妮要求山姆去买卫生巾，否则就是"对她不好"。

山姆愿为爱情付出，但问题是，芳妮的要求让他觉得很幼稚，不像成年人的样子。当芳妮察觉山姆不愿意被她依赖时，反而变本加厉地要拖住他。每当山姆应朋友之约出去时，芳妮都要跟去，理由是，自己一个人在家里很寂寞，问题是有些场合可能并不适合她去，比如几个好兄弟喝啤酒看球赛，其他人都不带女友，山姆也不想带，这时，两人开始吵架。芳妮把一切冲突归于"你不爱我了"。最后，山姆不厌其烦，结束了这段关系。

芳妮是典型红色，没有男人时，自己可搞定一切，有了男人，被压抑已久的"依赖性"开始报复性回流，这种依赖，其实不是真的需要，而是情感上的渴求。比如，她提出"接送"和"买卫生巾"的要求，一个人完全搞得定，她只是想要这种可以依靠男人的撒娇感觉。

学生时代有种普遍现象：两个关系要好的女生，形影不离，认真观察，除了同性之爱的可能，你会发现，两人的关系，一个偏公主一个偏女仆，也就是，一方依赖于另一方，处处受另一方照顾。但这种模式并非恒定不变，会因为其中一人的性格变化而转换。

女人与男人恋爱，也是同理。并非每个人都能让她有依赖的欲望。有些对象，压根就刺激不起依赖的念想。譬如，蓝男太冷静，恋爱时，缺少如胶似漆的蜜糖，只适合柏拉图式依赖；而和红男恋爱，就想依赖，不是因为他值得依赖，而是觉得，依赖能得到那种恋爱的甜蜜，啧啧啧，腻死也不怕。

四种性格的男人对依赖的看法。

♣ **红色性格：** 红男心情愉悦时，愿意陪着过家家；当红男心情不佳时，对别人依赖自己，会烦躁不堪。

■ **蓝色性格：** 蓝男需要安静的独立空间，依赖他做些决定可以，但要注意分寸，假如过分依赖，蓝色会有负面看法，甚至会对两人的未来强烈担忧。

▲ **黄色性格：** 黄男完全扮演保护者角色，可以满足红色做事上的依赖，但黄色痛恨不独立，哪怕是自己的伴侣，黄色认为你不能事事都靠别人；另外，当黄男在高压的工作状态，最恨被红色打扰，而恰恰很多时候红色的依赖，不注意场合、时机和分寸。

● **绿色性格：** 绿男不介意对方依赖，可由于自己主见弱，你手往哪儿指，我枪往哪儿打，打得不准我不管，反正我打了就行，这往往不能给红色"可以依赖"的感觉。

依赖的危害

依赖的危害，除了容易让被黏的人厌烦以外，依赖者本人在痛苦的时候，想走也走不出。

黄男与红女，初识相亲网。交换照片，互相爱慕。红女眼中，黄男优秀；黄男亦喜爱红女有女人味又独立。

彼时，红女身边还有一个小男人追求，可爱，体谅。红女家境一般，优异成绩毕业于名校，自力更生在广州买房。还房贷囊中羞涩时，追求者借握手之机，将银两放在红女掌中，感动不已。但红女仍旧觉得远方黄男更具诱惑，且小男子毫无安全感，拒之。红女离开时，小男人沮丧，无言。

红女奔沪见网友，与黄男朝夕相处，情意绵绵，许下终身誓言。回广州后，日夜思念，弃年终奖不顾，放弃美好前途，只身来沪，身无分文。

红女来，黄男收，二人同居，矛盾日隆。红女找了新工作，待遇尚可，但环境不熟，常不如意，便撒娇："都是因为你，不是为了你，我才不会抛下那么好的工作跑到上海！你要为我负责。"黄男不爽："你怎么真的什么都不要就跑过来了？""你长这么大，这么简单的事都搞不定，以前在五百强怎么混的？"

黄男出差，红女一人在家，凄凄惨惨戚戚，每天电话问："你何时归？"黄男开始简答，后来索性不接电话，红女伤心。黄男归，红女更黏，周末跟小姐妹逛街，回来时在地铁口，打电话要他开车来接。黄男说刚出差回，人累，让红女自己打车，红女说与闺蜜一起，定要来接，黄男关机。红女更伤心。

红女欲分手，搬出爱巢，在友人处辗转半月，难以为继，最终，搬回黄男家中，重续旧情。一日，红女与友人在外逗留甚晚，哀叹昔日自己人见人爱，如今却毁在此男手中，心有不甘，与友人追忆当日追求者待她种种，泪流满面。红女返家，见黄男手握电话，正与女同事聊得痛快，悲恸万分。

纠葛多日，红女下不了决心结婚，又不知如何新生。终有一天，黄男提出分手，任红女啼哭，扭头而去。

红色恋爱的一大特点，就是只要有爱的感觉，瞬间火山爆发，全部喷涌而出，双眼所见，皆是风景，觉得对方是零缺点，恋情飙升，不留丝毫后路；没多久，发现不对啊，好像和理想中的那个人有所不符，问题毛病一堆，怨恨渐生。其实，错就错在，红色自己进入太快，人家还刚刚在试探是否可以偷偷勾小指头，红色的人，可能就已经脑补完了下床的全套动作。

▲　黄色的认知是，每个人都该有能力照顾好自己，无论处于任何逆境，都应自力更生，否则只有可恨，没有可怜。

♣　红色的认知是："你爱我，就该照顾我，如果我没照顾好自己，那就是你的责任。"单身时一个人，本来自己全搞定；有了男友，本来自己可搞定的，也搞不定了，希望别人为自己拿主意。

> 红色性格活在感觉中。折腾，是为了得到"我在他内心很重要的"证明，红色性格需要不断强化这个概念，来让自己心理满足。耍小性子、闹脾气、说反话，希望别人哄她，这些行为，其实都是为了这种感觉。

红色一辈子都不会发现，自己的"依赖"，才是两人关系恶化的重要原因。对红色而言，把自己的一切都交在别人手中，代表信任，代表投入，代表至高无上的爱。红色认为，我都这样了，你也要这样，如果你和我反应不一样，就说明"你不爱我"；而在黄色眼中，你是没事找事吗？

"你若不离不弃，我必生死相依。"这话，多是被恋爱中的人们拿出来当作爱情忠诚的誓言。还有一种人，说这话的意思是，只要你不抛弃我，我死也赖着你。这种死抓不放的背后，其实是红色骨子里的依赖。

"恋爱依赖症"，可分两种，针对两种依赖，分别建议如下：

第一种，把依赖当美德的，建议：找绿色性格或依赖性强的红色性格。

爱情就像连理枝，你挨着我，我挨着你，假如你给我冷屁股，我也要贴上热脸蛋。假如贴不上，那我就继续找，直到出现那个和我当连体婴的搭档。

假如你能清醒判断自己依赖感的强弱，并且通过这种方式得到爱情满足感，那么我祝福你，并且附赠一个提示：多尝试去找绿色，随便你怎么黏；去找另外一个依赖性极强的红色也不错，你俩会越黏越近，只要你不怕窒息，人家比你还喜欢黏。

第二种，想摆脱依赖的，建议：修炼蓝色性格或黄色性格。

像蓝色那样条理分明，规划好一切，把生活安排得井井有条，让自己不依赖男人。

像黄色那样热爱事业，从工作中得到足够的幸福感，削弱一部分对男人的依赖。

须知，红色一生情感幸福最大的障碍，就是情绪化，当人家没给你那种你要的依赖时，先保证自己不情绪化，再去处理事情，一旦自己有情绪，及时中断抽身，宁可先搁置，改日处理。

患上"情感依赖症"的女子，内心深处拒绝长大，希望自己永远是个长不大的孩子，她们总觉得，会有人来为自己的人生负责的。

其他三种性格都希望尽早成熟，唯独红色，喜欢幻想，她们希望快乐地享受生活，不想去面对很多烦心事和压力。

红色的依赖者，如何杜绝过度依赖，有三点修炼建议：

修炼一：学会为自己负责。

从生活小事独立做起，先把对父母和对朋友的依赖戒掉，不要滥用红色撒娇卖萌的天赋，不要总用发嗲让别人为自己做生活小事，先做到，也减少了恋爱后在情感中过度依赖的概率。

修炼二：戒掉抱怨的习惯。

抱怨是红色在没得到想要的东西后的情绪化表达，其核心为"别人应该让我得到我想要的，是因为别人的原因，我才没得到"，本质就是一种对他人的依赖。

一个喜欢怨天尤人的小女子，很大机会在恋爱时也会抱怨伴侣不陪伴，抱怨伴侣不表达爱，抱怨伴侣没给自己送礼物，不一而足。

戒掉抱怨的习惯，你会发现一个新世界的大门就此打开，你可以自己去拿到自己想要的东西，快乐的源泉，就在自己身上。

修炼三：学会自我鼓励。

红色对他人的情感依赖，表现在需要他人给予认可，需要他人告诉自己，自己是好的，值得被爱。学会自己评判好坏对错，自我肯定，自我鼓励，是红色走向强大的重要一步，这一步走对了，依赖自然就减少了。

15

被动等待
——守株待兔场场空

资深单身人群，按性格排序，最少的是绿色，盖因绿色对伴侣的要求不像其他性格那么多。

如果你把绿色的孩子扔在房间里，即便房内空空如也，找不到半点娱乐，人家也不吵不闹，不声不响，自得其乐，完全不用家长操心。长大后，这种性格的人，安然若素，跟谁都能过日子，他们生活中随处将就的高超功夫，均来自"寡欲仙宗"，相传此宗门所有人的选拔都要有四大潜质，那就是：无所谓、没必要、不至于、犯不上。

绿色给人感觉温顺贤淑、柔心弱骨，可惜，最没能力读懂对方期待和捕捉对方感受。虽然黄色也不懂对方感受，但是，黄色如果觉得这事重要，会要求自己立即学习和改变，可绿色满足现状，根本不愿自己改变。而当对方觉得你读不懂我，你也不想读懂我的时候，会心生沮丧和绝望。

不知道你葫芦里藏的是啥药

芊芊三十六岁，每天准时上下班，爸妈把一切家务料理好，她只需吃饭睡觉。她唯一的爱好，就是养多肉，一小盆一小盆地排队，占据半个阳台。这姑娘养植物从来不挑，甭管啥种子就种，几十盆植物，品种竟有大半相同。在恋爱这事上，她完全不急，人家介绍，就

187

去见下，见完没戏，接着养植物。

她爸妈着急，拜托各种人介绍。人家介绍个型男，在企业做中层管理。两人第一次见面，介绍人私下问两人感觉如何，都说不错。于是介绍人觉得大功告成，接下来两人自己过招吧。不知不觉，一年多过去，想问下进展，给型男电话后，郁闷不已。

原来，两人交往一年多，吃过无数饭，看过无数电影，手也没搭过。型男说，无论带芊芊去做任何他认为好玩的事，她都没反应，问她去不去，她说"你定"，去了后，问她好不好玩，她说"还行"。有几次，本来鼓足了劲儿想表白，到浪漫地后，芊芊像木头一样，令他意兴阑珊。型男很沮丧："从未追过这么难追的女生，要不，放弃算了。"介绍人转头问芊芊："你对型男感觉如何？不喜欢就直说，别顾及我的面子。你不喜欢还吊着人家，多不好。"结果，芊芊说对型男很中意，只是性格温和，没法做到型男期望的那样"激动"地表达喜悦。

> 绿色性格最符合亚洲男人传统婚姻观中对女人温良恭俭让的要求，她们与生俱来就奉行"夫为妻纲"，最能满足大男子主义的心理需求。但假如绿色性格在情感中总是温暖如水，长期相处，强烈渴求情感互动的人，必将崩溃。

在写给我的几万封情感求助信中，绿色的来信极少，她们笃信，天塌下来当被盖，不想麻烦别人。但下面这封惜弱姑娘的信，是个例外。

我和他是初中同学，关系很好。他喜欢摸我的手，总说我的手白白嫩嫩，那时人小，觉得挺有意思，一个大男生竟然喜欢女生的手，偶尔觉得不该这样，阻止过，不过拗不过强势的他，就听之任之了。十几年后，重新回想，发现他除了喜欢摸我的手，还常盯着我看，这是不是说明他对我有感情呢？

初中毕业后，我们没见过面，也没联系。后来，他联系到我，那时，我对他已很陌生。大年初二，他突然约我去海边看烟花，于是，十二年后，我们重逢了。开始，有点生疏，一路回忆过去，瞬间，隔阂好像消失了。他一路上的小心呵护，在绚烂烟花漫天燃放的时候，我望着这个成熟稳重的男生，我看见他的眼睛亮了，我脸红了，身子发热，仿佛有种特别反应。

这之后，我俩差不多每月都见，几个月后，我过生日，他请我看电影，那天，我知道他记着我生日十几年，当时，真是又惊讶又感动，但我又不想让他觉得我大惊小怪，所以，什么都没说。

后来聊天，他谈了很多打算，说将来找老婆一定要脾性相合，其他都不重要，他也说，我该找个成熟稳重的老公。我当时就想，他会不会在说自己，因为他平常总说自己很成熟稳重，不过我没敢问，怕问出去太直白。有时，我觉得，他对我好像超过了一般朋友，但我总告诉自己，顺其自然吧，如果他喜欢我，就会主动，如果他没那个意思，我把话说开了，岂不是同学都做不成了？！

我俩走路时，他会很自然地搂着我，不知是有意还是无意，但可以确定，严肃的他不会随便对女生做这种举动。但过马路他却抓住我的胳膊，说这样比较稳。从初中到现在，他好像都喜欢跟我肢体接触，这是不是也说明他并不把我只是当成同学呢？

老同学告诉我，因为他家境差，内心要强，所以不愿主动表白，如果我给他一个台阶，他肯定就冲上来了。但我的死党闺蜜又说，"男人如果喜欢女人，一定会主动，如果不主动，说明没那么喜欢"。我不知他俩谁对。过了段时间，他突然跟我说要出国，不知何时回来，这下，我更不知该怎么办了。您能给我一个答案吗？其实我心里是有他的，只是这么多年，可能我也在期待他能迈出这一步吧。

如果看到这儿，你疑惑这姑娘是个不开窍的傻子，如果你哀其不幸、怒其不争，只能说明，你跟她是两种类型，你不是绿色，当然无法理解绿色那种知无觉的迟钝境界。

对"他到底喜欢我吗"这种问题，红色本能地会给予乐观解读，有时会让一些本来没可能的感情，误打误撞地发生，"上错花轿嫁对郎"，说的就是红色。可绿色对所有信号，更愿意理解为"他对我应该没什么特别吧"，因为绿色平静无波，无欲无求，最喜欢对方向自己求爱用阿Q式，直接开口："惜弱，我想和你睡觉，睡一辈子觉！"放心，你绝不会收到吴妈赐给阿Q那种愤怒的耳光，最有可能的回应是："啊？这样啊，太快啦，不好吧……"

绿色的情愫没有红色那么激烈，没有蓝色那么深沉，没有黄色那么直接，情感上不太敏感的她们，会用"生理反应"形容这种奇妙感觉。其实，主观上绿色没有想象力，不像红色能恣意联想起各种电视剧桥段。

恋爱中，当对方没有满足绿色的需求，绿色的典型反应就是"算了吧"，换作红色，要么撒娇、卖萌、求关注，要么生气、发火、摔碟子。绿色的"不作"，对不喜欢情感折腾的人，是福气，但一点都"不作"，结局就是淡而无味，百无聊赖。

> 绿色性格在英文的语法中，是过去等待时、正在等待时和将来等待时的完美合体。她们不仅期待一切都由别人主动，而且也不会为了对方主动而先做些什么。

爱情中的不行动，蓝色貌似也有，在这点上，绿色与蓝色的差别是：蓝色不直接行动，但会暗示传情，逐渐酝酿；但绿色，连暗示都懒得做。给人感觉，这是一个咬了半天还不知道馅儿在哪儿的包子。

绿色若想和恋人增强情感互动（尤其是面对红色），提供两招：

第一，鲁迅说过，人最可怕的就是一个人在旷野里喊叫，听不到一点回声。吵架也是如此，如果你不做任何回应，再大的火气，都像是重拳打在棉花上，最终，只能把那人活活急死。如果任何事你都完全同意，就无法有摩擦的快感，所以，在无伤大雅的事情上，提出反对意见，甚至小小辩论，不以输赢为目的的你来我往，是调情的一种，而没有调情，红色在情感中，是活不下去的。

第二，绿色对别人好的惯用方式，就是顺从和陪伴。这无可厚非，但有时别人更需要语言的认可，尤其是，当人家为你付出时，不要只把感激和欣赏放在心里，充分表达出来，这才是人家需要的。

对那些只会等待的人，须知：

首先，"姜太公钓鱼，愿者上钩"，纯属自我安慰。

你想，直的铁丝，垂在水面，没有鱼饵，鱼儿怎能跃出水面？就算能，又怎会咬这条没点味道的铁丝？除非它疯了！除非它想自杀！除非它不是鱼！古代的戏曲里，佳人见才子，要么回头一望，眉目传情，嫣然一笑；要么花园路过，故意掉下锦帕，才子弯腰捡起，佳人接过帕子，看一眼，掩嘴一笑，然后作揖，翩然而去，让才子愣在原地发花痴。佳人故意掉手帕，这不是主动，是什么？！不是只有表白才算主动，主动是种状态，关键是，你要制造出人家对你主动的可能，制造局面，也要你去制造才有啊，这种主动，不失高雅，很有腔调。

其次，你需要学点婚姻中的性格搭配规律。

婚姻搭配中，绿女和绿男，不会有本文提到的一切麻烦，但两个都温文尔雅的绿色，谁都不主动，彼此根本没法吸引。绿色和黄色，这两种性格搭配最多，反正一个愿控，一个愿意被控，相得益彰，而且，黄色直截了当，没那么多花花肠子的情感要求，刚好绿色也不擅长。如果绿色遇见敏感的红色或蓝色，人家铁定觉得你就是根木头，各种不满。

最后，抽空学习《笑傲江湖》。

小说结局，"红+黄"性格的任盈盈在爱情上是个主动者，敢向天下表白她的爱慕，因她对令狐冲的主动，最终抓住令狐冲的手，感叹"想不到我任盈盈，竟也终身和一只大马猴锁在一起，再也不分开了"，爱情修得圆满。而仪琳喜欢令狐冲，绿色的仪琳说的是："从今而后，我只求菩萨保佑令狐大哥一世快乐逍遥。""红+黄"的任盈盈说的是："你日后倘若对我负心，我也不盼望你天打雷劈，我……我……我宁可亲手一剑刺死了你。"仪琳在爱情上是绝对被动者，她渴望被怜被爱。纵使令狐冲倾心于她，她也终究不敢努力争取，只能遥望令狐冲的背影，回味与他短暂的幸福时光。

可惜，即便我言尽于此，刺激再甚，对绿色的读者依旧无用，盖因文字很难刺激绿色产生改变的力量。这就是为何你需要在性格色彩的课程学习中寻找碰撞的激情和力量。

16

不会追求
——恋爱小白转运来

某位韩国的恋爱专家，被没信心恋爱的单身女子奉若神明。这位大师专教女追男的必杀四招：

第一招：每次见他，满面微笑，让男人觉得姑娘在期盼约会。

第二招：借酒醉拉近距离，或在酒会上耳鬓厮磨，假装踉跄请他送回家，激发男人护花使命。

第三招：精心选择约会地。要想刺激心动，就去游乐园，须知，过山车和恋爱，兴奋感一脉相承，让他误认为是恋爱的心动；要想刺激进一步发展，就去水族馆，那里充满家庭温情，既可展现自己的卡哇伊，又可让他联想未来。

第四招：本次约会，就要把下次约会拿下，比如，约会时看到介绍赏红叶的杂志，就不经意地撩拨：我们下次去这儿看红叶怎样？

这四招，除了第二招在影视中被老掉牙地使用，其他三招都是销售的基本功，见了客户要微笑，见面场地有讲究，约见客户要布局……呵呵，好算计啊。

只可惜，不是所有的姑娘都不动脑子，爱情洁癖者觉得这些恋爱小技巧实在太花哨，看上去步步为营，但甭管是欲擒故纵，还是欲拒还迎，都不是真爱。真爱，就应当是浑然天成，无须雕琢。方法太多，爱必不纯，动机值得大大怀疑。

我对以上几招，坦率地说，确实有一丝哭笑不得和不屑之心，认为只有恋爱小白才会奉若宝贝，但转念一想，万万不可有此想法！因为这位大师的绝技也许很多，这四招可能只是流传在外的皮毛。何况，天下众人，资质悟性不同，经历经验不同，一个阅尽天下男色的女子也许无视这样的技巧，但对见男人就脸红，不知怎么开口的姑娘而言，这些招式易于上手，是奇珍异宝。我若鄙视别人，难免他人也这样鄙视我。比如，你正读着本书，你旁边那个对性格色彩一点都不懂的人可能说："谁不知道人的性格不一样？别听那个光头瞎掰，人找对了，没技巧也成，人找不对，啥技巧也没用。"他鄙视你的这句话，可能当头棒喝，让你信以为真，万念俱灰，突然觉得，这样看来，你只能啥都不做，一辈子伸长脖子，干等着那个真命天子的到来。如若你果真这么想，你要小心啦！我想强调一下我的观点。

> 相爱容易相处难。爱情的发生，可以无师自通，但两人的相处，单靠激情是无法持续的。关于性格的学问，必须学习，否则，天下众生不会每每相爱时高呼"有爱战胜一切"，分手时却异口同声——性格不合。

从前的人，会拿女追男说事，现在，女追男和男追女一样普遍，再拿这个说事，老八股。不过，知道怎么追的很少，有的人要么不主动表达，对方不知你的想法；要么拼死追，吓跑对方。

其实，中国社会的倒追传统，早已有之，七仙女追董永，田螺姑娘追谢端，白素贞追许仙，祝英台追梁山伯……须知，女追男的最高形式，就是当你把他追到手后，他会觉得是他在主动追你。如今这个时代，"倒追"这词已经消逝。

校园内，四男喜欢同一女，知此女爱吃巧克力，于是，各显神通，前去追求。

♣ **红色性格：** 每日花样翻新，巧克力豆、巧克力蛋糕、巧克力粥……创意即激情，坚持数日，此女仍未感化，沮丧之余，见另一美眉擦肩而过，嗖，转移目标，此处不留爷，自有留爷处。

■ **蓝色性格：** 调查姑娘爱吃何种巧克力，每天只送一颗，固定时间呈上，坚持到毕业，未有间断，一招用到天荒地老。

▲ **黄色性格：** 拿出积蓄，送上至贵至尊之巧克力，若此招不行，改送他物。不管何法，只求搞定。

● **绿色性格：** 不喜欢激烈竞争，发现他人都在拼命争抢，退缩一旁，吾不想战，战不过，先退，尔等力竭而亡，吾再战。

以上男追女套路，大体与女追男相似。差别在于，绿女从不主动，即便她喜欢的男人正空窗，打死不主动；而蓝女受规则制约，也不主动，最多给点暗示，希望对方心领神会后过来追自己；而对黄色和红色而言，男女追求的套路，如出一辙。那么，黄色和红色这两种性格的女子，如何追求自己喜欢的男人？

▲ 黄女看中一个男人，会先让男人对自己有兴趣，再用各种方式了解人家的兴趣爱好、家世、学历。黄女不会操之过急，最好由她掌握节奏。聪明的黄女，会先跟此男结为好友，扫清周遭莺燕，摸清他的软肋，让男人明了自己的核心竞争力；愚钝的黄女，节奏点总是没踩准，突然亮剑，有时会把男人吓到。

195

♣ 　红女容易去追，是因为乐于尝试，加之男人的丝毫闪光都会被恣意联想，无限放大，哪怕只是指甲干净，红女都会幻想此君教养良好、日浴三次，房间精致，甚至脑补家中装修，抑制不住花痴梦，然后，赶紧出招。

　　红女追男，不担心创意稀缺，可惜，只放不收。往往热情凶猛，迅速热络，但时间一长，男人会觉得，你是不是缺根弦啊？就像《安娜·卡列尼娜》里的安娜，为人太热情，心里有团火，她自己被烧得难耐，经常透支过度的热情，不会调节温度，弄到最后，被自己心里的火烧死。红女追得最猛，也最易放弃，放弃后也最易复燃。男人要想把喜欢自己的红女弄疯，只需对她忽冷忽热即可，不过，你若这么做，后果也许不堪设想，指不定红女有惊天地泣鬼神之举。与此同时，闺蜜的话，也会影响红女的判断，如果闺蜜对红女喜欢的男人，观点泾渭分明，要么红女自己陷入纠结，要么就疏离那些反对自己的人。

　　所以，红女如果要追，就要把握分寸和节奏，不可操之过急，不可喜怒无常。懂得收放，事半功倍，当然，前提是你不让男人反感。我常常遇见一些特小儿的问题，哭笑不得，比如，爱的时候，该全部投入还是有所保留？这种问题，从前我不屑回答，现在发现，问的人都是性格小白，对性格的力量一无所知，只有那种每每投入巨大激情，烧得自己遍体鳞伤的姑娘，才会问出这样"高难度"的问题。

> 红色性格在爱情中擅长爆发式的烈火猛攻，不懂得小火慢熬的意义。有时，注入得慢点，火不会熄得太快，爱也许会更多更深。当你把爱情视为生命的全部和唯一时，就会把关系搞得很糟、很危险，最后搞砸。

　　留白是国画的一种布局与智慧。画如果过满过实，构图就失去了灵动飘逸，显得死气沉沉；有了留白，就可遐想和发挥。其实，爱情的精彩篇章，也当留白。

留白也是为人处世的大智慧。老子说："天地之间，其犹橐龠乎？虚而不屈，动而愈出。"橐龠就是风箱。风箱中间是空的，鼓动时，风从箱中涌出。因为风箱虚空，才会出风，越鼓动，风就越多，且生生不息，绵绵不绝。如果全部是实的，当场就熄火了。老子的意思是，因为虚空才有不竭动力，越鼓动力量越大，生命力就越强。

爱情也要虚空，要学会留白，给自己留点余地，给别人留点喘气的口，爱情太满，生命会太沉重。所以，切勿把100%的时间投注在一件事上，尤其是爱情。红色的人，小心，这极其危险。

下面，详细阐述在追四种不同性格的男人时，需注意事项。（如何追求不同性格，详见《性格色彩恋爱宝典》）

追红色性格——赞美

物流公司高管莉莉，在跨年派对结束时，微信摇一摇，有缘就会相互出现在对方手机。这一摇，摇出了五星级酒店大厨，与莉莉年纪相仿，活泼爱玩，在美食节目小有名气。此后两人约会了几次。

莉莉恋爱每次都优雅地赴约。前几次，约会不是在意大利餐厅，就是在法国餐厅，有一次，因为要看电影，时间紧，大厨说就在电影院楼下麦当劳随便吃点，那顿饭，莉莉超级不爽，心想，你怎么可以这么草率打发我呢？前几次够档次，难道就因为你已经把我搞定了，就对我这样敷衍？吃完，走到影院门口，莉莉闹情绪，说不看了，男人不解，有啥想法就直说。莉莉说，我觉得你对我不够好，男人一脸雾水，莉莉磨叨了半天才说明白咋回事，大厨也不爽，那不看了，各回各家，各找各妈。

不欢而散后，男人不再联系。莉莉开始傲娇，硬憋半个月，实在忍不住，主动约男人出来吃饭，男人态度平淡，结束了说自己有事，也没送她回家。莉莉越发着急。过两天再约，男人说忙，不出来。莉莉忽然觉得自己好傻，把这么好的一个男人放跑了，于是，突然有要追回男人的强烈欲望。此后，天天打电话，没事就发微信。男人开始还装模作样地客气，后来不耐烦，最后，直接把她拉黑。

在麦当劳引发的"惨案"中，作女莉莉，遇到的男人是红色。红男无论外表如何稳重，内心始终活跃，向往新鲜事物，喜欢体验，追求快乐。两人在有趣的活动中相识，符合红色喜好新奇的特点，感情进展顺利。吃饭事件中，莉莉无理取闹，情绪发作，尤其对男人说"是否因你搞定我，故而敷衍"的话，让男人尊严受辱，难以接受。在当时，男人表面克制，心里早已萌生不爽，不欢而散。如果事后莉莉迅速认错，抚平男人情绪，或许还有转机。但冷战半月，男人的好感，也消磨殆尽。而之后，莉莉倒过来追男人的巨大紧逼和压迫，逼得人家最后蒸发。

> 发现并赞美红色性格男子的长处，有意见可交流，但不要批评和否定。如果想提醒他，可用开玩笑的幽默方式。另外，追求不如诱惑，因为诱惑的压力不大，且更有趣，符合红色性格的心理需求。

追蓝色性格——默契

一名在悉尼读书的女留学生铛铛给我来信，说她追求蓝男的困惑历程。

2019 年圣诞假，我回深圳，弄头发时认识了他，他是一名理发师。我不知道自己为什么对他有感觉，也许因为他的表情有种淡淡的忧郁，对我的问题，他答得特别细。我拿到了他的微信，常跟他联系。后来我跟他们店的人都很熟，常一起玩。我记得第一次表白，是和他的几个同事及我表妹去酒吧，喝得差不多了，就去夜宵。之后，我表妹和他的同事各自回家，剩下我俩聊了一会儿，他送我回家。下车时，我主动要亲他，但他拒绝了，他说到了该亲的时候再亲。我生气地走了。到家收到他的信息"晚安"。

后来有一次，我直接跟他摊牌："要么我们在一起，要么做普通朋友。"因为我讨厌暧昧，但他跟我在一起的感觉有点暧昧。他回答："怎么在一起？你不回去读书了吗？"我说："我可以放假回来看你。"他说："影响你学习怎么办？"这次后，很长一段时间，他不接我电话，不回我信息。圣诞假结束了，我回澳洲继续上课。但我一直没忘记他，就从澳洲打长途给他。大概两周一次，也许是被我的傻劲儿感动了吧，他没再拒绝我，每次我们都会关心彼此，聊上四五十分钟。

七月放假，我听说他辞职回四川老家了，所以，特意买了去北京的机票，然后转机去他老家，打电话告诉他时，他没有夸张的反应，但从声音中，我感觉有些惊讶和高兴。在他老家，他给我当导游，我说我一个人住酒店害怕，不敢睡觉，他来酒店陪我，但一周的时间，我们什么也没发生。

后来我一个人在悉尼，还是想和他发展，但又完全不明白他的心理。我去过他家，他家条件不太好，他也说过"需要一个和他一起吃苦的人"，我告诉他，我一毕业就回国和他在一起，但他没任何回应。我很迷茫，也很绝望，我想他肯定不喜欢我。临近毕业时，我在网上问他到底怎么想的，他还是不回。我发狠了，说："你再不回，我就留在悉尼不回了。"他回了一个"OK"。我把自己关在家里，痛苦了很久，等我恢复过来想再找他问清楚，可他手机停机了，再也找不到了。我一直想他，一直放不下，因为我始终不明白，他到底是怎么想的。

蓝男不主动表达情感，但内心极其敏感细腻，从这封信来看，如果这位蓝色理发师不喜欢铛铛，根本不会和她通电话，也不会陪她在家乡玩。但由于家庭背景的原因，他内心有很多顾虑，出于蓝色的习惯，他以暗示而非明示表达顾虑，而铛铛仅是口头承诺"我会回国和你在一起"，这句话，是断然不够的。对蓝男，不听你怎么说，只看你怎么做，做远远大于说。因为铛铛只是口头说回国，实际并没行动，只是不断追问蓝男的想法，所以，蓝男内心会觉得："她还不成熟，即使现在我要求她回国，她回了，也没法陪我一起吃苦。"

> 追求蓝色性格，什么也不用说，用实际行动打消顾虑即可，而且，绝不要指望蓝色性格男子给很多口头表白和抚慰。如果想知道蓝色性格男子喜不喜欢自己，可观察蓝色性格的行动，因为蓝色性格爱一个人的方式，就是体恤心意，默默为她做很多事。

追黄色性格——独立

第一次跟朋友去 KTV 唱歌遇到约翰，莎莎压根儿没看上他。一群男生中，他个头矮小，长相衣着都不出众。唱完歌，几个男生推搡："我来买单！""今天不用你，我来！"……约翰从外面进来，说："别吵了，我已经搞定了。"这时，莎莎才看一眼。

此后，每次聚会，无论哪群人约莎莎，不管玩什么，约翰铁定都在。后来，其余的朋友退场，只有他俩。莎莎忍不住问约翰："你是不是喜欢我呀？"约翰说："我觉得你适合当我老婆。"莎莎说："可我比你大五岁呢！"约翰说："我妈也比我爸大四岁。"这话，莎莎觉得味道香甜。

由于对年龄问题的介意，莎莎犹豫了很久要不要接受，在约翰各种方法投其所好后。最终，她扛不住，从了。

两人同居一段时间后，约翰在外地有个好机会，要去两年，莎莎不愿分开。约翰说："两年而已，随时回来看你。"莎莎只好同意。

刚分开那阵儿，每天联系，过了一阵儿，消息总在几小时后甚至隔天才回，有时干脆不回，莎莎电话过去，约翰那边嘈杂，说两句就挂。莎莎的家人都知约翰的存在，因为她年龄不小，家人问何时结婚，莎莎想和约翰谈谈，但约翰总忙。莎莎问一个好姐妹，姐妹说："男人这种态度，肯定变心！要是我，立马追到外地，当面摊牌，要么结婚，要么分手！"莎莎不知怎么办，彼此联系越来越少，心急如焚，终于忍不住，跑到约翰所在的城市。

约翰见她现身，脸沉下来。莎莎说："我太想你，所以来看你。"约翰打断她："我在忙工作，你先回家，我忙完联系你。"莎莎受了刺激，想起姐妹的话，头脑一热，就说："要不分手算了，我妈天天催我结婚，你要不想和我结婚，就分手。"约翰回答说："晚上回去聊，你先回宾馆等我。"可莎莎小姐香泪横喷，大声嘶喊："现在必须答应，要么结，要么分。"约翰愣了下，说："好吧，那就分。"莎莎傻了。

可怜的莎莎，揣着颗破碎的心，回到自己家，蓬头垢面待了三天。三天后，她懊悔自己的鲁莽，给约翰发短信道歉，哭诉自己对他的思念，石沉大海。又过了段时间，听说约翰有了新女友，受不了，跑到楼下，打电话哭求约翰见最后一面，没想到，约翰理都不理。

可怜的莎莎，被她那完全不懂性格色彩的姐妹淘害了，害得很惨。切记，你的闺蜜如果不懂性格色彩，下回，不要跟她探讨任何关于人的问题，很可能，她出的是个真诚的主意。对约翰这样目标和掌控都强的黄男，从遥远的地方不声不响追到身边给惊喜，是会要命的，只会让你成功地把惊喜变惊涛。

黄色会本能地认为：你是有目的的，你来，就是不信任我，想探测我在做什么。当黄男喜欢一个女人时，会投其所好，用高效方法搞定；但在事业的前途和情感的暂时分离中做选择，他必定会选更重要的那个——事业发展。如果莎莎对性格色彩早有了解，用短暂分开的时间，能把自己变得更好，学会性格色彩和卡牌，成为一名卡牌大师，变成一个有魅力的女人，那么，当黄男发现她的高速成长，只会更爱。

> 黄色性格男子不需追，只要他看到你身上有他想要的，自然会来抓你。你追他，不如他追你。黄色性格喜欢征服感，不喜欢被人征服。

追绿色性格——耐心

乐老师，正如您的自剖录《本色》中所说，像我这样的"红＋黄"性格，是敢爱敢恨的一类人。但是遇上绿男，便似拳头打在棉花上，不知如何是好。

两年前，因为无聊，我参加了一个羽毛球俱乐部，第一次参加活动，忘了带球拍，一个穿套头毛衣、中等个子的男人把球拍借给我，一开始，我以为他带了多余的拍子，说了句"多谢"，就开始玩了。大约过了半小时，我玩得很爽，偶然回头，发现他静静坐在球场边。我跑过去问他："你为什么不玩？"他说："没有拍子。"我才猛然意识到，他把拍子给了我，自己没得玩了，有点不好意思，连忙把拍子还他，歉疚地说："原来你只有一个拍子啊！干吗不早说？"他朝我露出孩童般的可爱笑容，说："没关系，坐在这儿看你们打也挺好的。"我突然觉得，他其实挺可爱，于是加了微信。

聊了段时间，越来越喜欢他，因为他是我喜欢的那种成熟包容的男生。所以，我对他表白了。他没拒绝也没接受，然后我主动请他出去看了两场电影。第一次，我尝试把头靠在他肩上，他没推开，也没拥我入怀，姿势没有丁点变化，像木头一样，我很沮丧；第二次，看完电影，我约他喝一杯，他同意了，我们在一家情调超好的爵士吧喝到晚上十二点，他接了个电话要走，我问他是谁，他居然说："浦东下雨，我妈要我回去看看窗户关了没有。"我彻底崩溃。也许是没耐

202

心来等他动心，也许我不该主动，因为我觉得他的心门一直没打开，否则，不会一点反应也没。

您知道黄色，凡事必定要明确结果，不喜欢不清不楚，一段时间后，我发短信给他，说即便不交往，也不必刻意躲避，毕竟以后还要见面。绿男回信息说以后做好朋友。过了一年多，我偶然遇到我和他共同的一个球友，聊天时，球友说，那时除了我，还有另一个女人追他，他们问过绿男到底喜欢哪个，绿男说是我。我惊讶极了，当时就想打电话问绿男，球友劝我别问了，因为绿男已经在数月前，跟那个追他的女人结婚了。

四种性格中，追求绿男，貌似最容易。因为绿男关注他人感受，很难拒绝女人的主动，假如女人持之以恒地邀约，加上朋友的起哄和撮合，没准儿，就此成就了一段姻缘。假如，女人期待很快得到绿男的反馈，就像这个故事中的女人一样，必然失望。

> 因为绿色性格缺少激情，没多少表达的欲望，更愿意别人把决定做好，自己跟着走。很多时候，绿色性格没反应，不代表绿色性格不喜欢，只是觉得任何事情顺其自然，不需要那么夸张。

就像故事里的绿男，其实很喜欢这个红女，只是红女太缺耐心和恒心，也完全不理解绿男"没反应"的反应。当红女发信息说"即便不能交往，也不必躲着我"，绿男理解为红女不想继续了，因为在意对方的感受，所以，自己也听话地放弃了，完全没读到红女可能有另一层意思：如果你喜欢我，想继续，请主动一点！而另一个追求绿男的女人，也许没有红女这么吸引绿男，但胜在持之以恒，最终取得胜利。

现在，你已掌握了恋爱中"如何追求"的至高心法，那就是——因人而异，因色而追。切记，如果你不了解对方是什么性格，不知怎么进入他的内心世界，一切方法，都白搭。

针对女追男，再给你几招：

第一，女追男的至高秘籍是"吸引"。

你要知道，男女有别，无论多么被动的男人，他的性别决定了当女人主动时，都会产生不适。即便是被动的绿男，他希望的也只是女性主动邀约和引导关系前进，绝不希望女性强迫他接受一段关系。

所以，核心秘诀是，洞察到你想追的男人性格需求，让自己拥有他所需要的价值，并且以他的性格能接受的方式予以展示，具体方法详见《性格色彩恋爱宝典》。不过即便如此，绝无可能一本书尽述，望你早日来线下课堂，将钻石法则融入血液，从此，怎么恋都不愁。

第二，越往后，越要无为而治。

有时，你表面的无所作为，其实是有所作为，追求男人，其实也要无为而治。当你让他明白你喜欢他后，一段时间内，啥也不做，某一天突然发动攻势，也许，会水到渠成。也就是说，如果你对男人的性格一窍不通，无法把握对方心理，那么，在你什么都没做的这段时间，会比不断瞎做，效果更好。尤其是你已经展示了自己的价值，甚至也释放了自己的好感之后，如果你能保持静态，一动不动，有时反让人觉得有神秘的吸引力，从而产生接近的欲望。再往后，两人从暧昧模糊到确定关系的这段时间，也是你逐渐化主动为被动的关键阶段，把握节奏，切勿一味猛冲，至关重要。

第三，逐渐累积的付出优于短暂瞬间的疯狂。

很多女生追男生，缺少经验，往往以己度人，或看了小说、电视，盲目模仿表白桥段，比如当众表白，或者不停送礼物，以为热情可打动男人，但她们忽略了两点：

1. 男人与女人不同，即便是红男，仅仅因为对方短暂的强烈表白或付出，而喜欢上对方，是很难的（除非是从没被女人看上的自卑感重的男生，但这种男生你也不会去追他）；

2. 即便是男追女，也是在女生已经对男生有好感的前提下，才可能被男生的疯狂打动，否则，你也会害怕和远离这样的追求者。

所以，既安全又感人的做法，是针对男生性格，累积付出：他重视共同话题，你就研究他擅长的领域，找到话题后，不时地与他交流，让他逐渐确信你就是知己……

女追男与男追女的道理，表面不同，本质一样。用适合不同性格的方法去追，才是正解。故此，了解男人的性格最为重要，超越一切你学的邪门歪道，不同性格的男人有完全不同的追法，方法用错，只会让自己喜欢的人越逃越远。

17

无所不能
——你越优秀他越逃

虎哥的堂妹小琪，样貌五星，行动果敢，气质高雅，琴棋书画无所不能。有一次，虎哥给小琪介绍了男友，两人一见钟情，如胶似漆，没多久，男的不愿继续。

虎哥惊诧，厉声质问："小琪哪点配不上你？配你十个，绰绰有余，奶奶的，你头脑发昏了吧？"熬不过虎哥拷问，男的支支吾吾："你妹妹，只应天上有，不该来人间！确实好，没的说。可我在她面前，毫无优越感，说啥她都懂，上进心比我强，钱赚得比我多，人漂亮，身材好，太好了，我在她面前，感到自己啥也不是，觉得自己不像男人。虎哥，饶了我吧！"

虎哥转头问小琪，小琪说，开始觉得还行，后来觉得他脑中空空，和他一起，没有值得依靠的地方，不踏实。虎哥行走江湖多年，这才恍然大悟，女人爱男人，是因为崇拜，男人爱女人，则是喜欢被崇拜的感觉。

表面看，小琪这样的女子，对男人该有巨大吸引力，但男人为何后来找了个比小琪条件差很多的"庸脂俗粉"呢？秘密很简单，因为在"庸脂俗粉"面前，男人能找到自己被崇拜的感觉！无论他怎么说和说什么，在那个女人面前，永远是对的，会被惊叹，会被赞赏，那个女人永远眼珠放大，双手托腮，不时将手指放于口中，然后惊呼

"哇！你怎么知道得这么多……"在一个女人无限崇拜的眼光中，就这样，一个超人冉冉升起，这种感觉，对长期生活在女强人阴影里的男人，是久旱逢甘雨！无数影视剧中，放着绝代佳人不要，和洗脚小妹聊得情投意合的桥段，比比皆是，个中奥妙，便是如此。

真假"女汉子"

几千年来，"男主外，女主内"的传统文化，让男人们很难接受各方面都强的女人，这样，条件优秀的女性，尤其是性格也强的女性，在情感之路上，难免坎坷。更悲情的是，女性自己的性格并不强，只是因为自己的成功造成男性背负巨大压力，反过来，给自己带来命运的悲剧。

有一部小说，描述了两姐妹的一生。姐姐持家有方，嫁人后深得夫君敬畏；妹妹温柔贤淑，因为父亲的虚荣，从小被当成男孩来养，以长子身份驰骋朝廷，十五岁做了探花，十六岁做了侍郎，十七岁挂帅出征，十八岁平定南疆，功勋盖世。可怜的是，婚后，因为老公不爽她的成就，始终得不到老公欢心，饱受老公精神漠视和肉体摧残，加之积劳成疾，最后悲惨死去。

这部小说里，两姐妹性格对比极强烈。姐姐是黄色，不出闺房，性格威慑力强，人人见了都畏惧，在婆家这个庞大家族中如鱼得水；而妹妹是红色，女扮男装文武双全，但真实的性格，纤弱善感、忧郁多情，被自己老爹压迫，拧成了一个外表王熙凤内心林黛玉的混合体，最大遗憾，就是这一生被迫扮演强者，取得的成就也并非她想要，而那应该是像姐姐一样内心有力的黄色想去做的事，这正是她人生的悲剧。其实，姐姐的一生，是她内心真正渴望的。姐姐虽然表面没取得像她一样的成就，貌似遗憾，但姐姐经营夫家成绩斐然，同时家庭圆满，而妹妹一直在做和自己红色完全相悖的事，彻底毁了。

这部小说里的悲剧，可称为"性格错位"，一个人不能按照自己的天性正常舒展，是人生莫大的悲哀。所以，性格色彩亲子教育中，我常强调：对孩子最好的教育，就是"因色施教"，根据孩子的性格因势利导，而非按照你想让孩子成为的样子去强力改造。

从人性需求来讲，弱势女人有强势男人喜欢，强势女人也有弱势男人喜欢，这符合互补规律。然而，比较多见的是，能力强性格强的女性，男人宁愿绕道而行。可无论女人怎么批判男人孬，短时间内，男人的确不愿接受太强的女人，这是不争的事实。而这种强女，流行称谓就是"女汉子"。

需特别说明，这个词，被滥用了，使用者并不理解真谛，只要觉得女人像男人一样能干，就直接戴上这个帽子。

按照性格色彩的分析，只有"红＋黄"或做事有黄色特点的红色（披着黄皮的红），才应被称为"女汉子"；而那些真正的黄色，大家很少称呼她们为"女汉子"。

> 真正内心强硬的女性，不愿以"女汉子"自居，巴不得天下人认为自己有女人味，对女汉子这个词，唯恐避之不及。只有那些外硬内软的女性，不愿自己柔软的一面给人看到，才会用全身盔甲武装自己，巴不得全天下知道自己是"女汉子"，并以和男人平起平坐而窃喜。

一个女强男弱的家庭，在没学性格色彩前，在女人不了解如何和男人相处前，通常女方越强，幸福和事业成功的反差越大。

黄女 VS 红男

我演讲课上的学员如雪，黄色性格，四十出头，生意做得很大，早年艰辛，讲了这些年的历程。

如雪的父亲早年是部队高官，非常强势，家里五朵金花，如雪排行老二，继承了父母的强悍性格。因为当过兵的父亲不许家人沾一点光，所以，自如雪十八岁自立，在江湖上都靠自己，凭借年少无畏，硬是闯出一条好路。二十岁时，喜欢上了一个机械厂的小会计，对这件事，身边遍布批判与反对。

如雪毫无动摇，觉得这小会计未来可以成事，给了他无比的信心和勇气。小会计不愿在工厂里待下去，如雪就鼓励他做生意，拿出自己的积蓄，遗憾的是小会计不是做生意的料，屡做屡亏，还屡亏屡做，直至有一次，在外地倒卖旧钱币，竟被骗得精光。

小会计从精神上彻底垮掉，此后完全失去自信，如雪却从未放弃，继续鼓励。为了还债（小会计做生意的本钱是如雪借的，如雪的本意是希望小会计用自己的本事赚到钱后可让自己有面子，让周围的人知道自己的选择是正确的），如雪开始白天黑夜轮番打工，最辛苦的时候，每天下班后，再打字八小时，以赚取每小时 1.4 元的打字费，就这样，硬是打了一年半工，如雪把男友欠的债还清了。

有一天，如雪在给小会计洗衣服的时候，发现一张其他女孩写给小会计的情书，这个晴空霹雳，让如雪天旋地转。

红色的小会计，对从天而降的高官千金，一开始又惊又喜，由于红色骨子里的幻想，他感动于如雪给予的信任。但很快，面对现实压力，他希望迅速成事来展现价值，可一旦失败，红男抗压性不强，事没做成，就因自卑先垮了，后来生意的屡次打击，更加重了认为自己是废物的心态。当最终小会计需要借助自己的女人来帮自己还债时，他的自尊心已被击打得粉碎，曾有的那么一点信心也彻底崩盘。

我在佩服如雪坚定的同时，也能理解小会计那时的压力和自卑。他注定在这个女人面前，一辈子抬不起头。这种感觉，很遗憾，被如雪完全忽略了。对如雪而言，唯一想的就是，我要不停地付出，用事实证明我的爱，最终有结果。除非这个男人是啥都无所谓的绿色，否则，其他任何性格，如果发现无论自己怎样努力，女友永远高高在上，势必会有反弹。

读者看到此处，容易得出一个结论——黄女是否应该多让对方做决定，而非自己做决定呢？理论上，这是对的，可问题来了：在这个故事中，如雪的男友是自己做决定选择的，如雪也一直都在鼓励屡次失败的他，可结果还是很糟，那问题到底出在哪里？

问题就在出事后的反应！起初，小会计造的孽，事后却要如雪面对，小会计所有的债全由如雪偿还，莫忘记，如雪自己也不是财主。从如雪角度来看，她做了一个勇于承担责任和敢于付出的好姑娘，可她并不明白，她成了好人，小会计却成了不仁不义之人。

其实，处理此事唯一正确的做法，应该是两人共同面对压力和挑战，携手并进，共渡难关，这样，这个男人才能从残酷的生活中汲取二人并肩的爱情合力。而如雪的做法，依旧是把男人和自己割裂，无意中，让自己占据了道德制高点，扮演着处理麻烦的高手，这不仅让小会计觉得自己卑鄙，且会让他觉得自己一无是处。当一个男人在一个女人面前有无能感时，离拜拜的时间就不远了。

相反，给小会计写情书的另一个女孩，也许啥都没有，却让他有成就感。对小会计来讲，这种感觉，远比爱情本身重要得多，所谓"生命诚可贵，爱情价更高。若为尊严故，两者皆可抛"。在和强势如雪相处的过程中，他知道自己永远只会沉沦在无限的自卑中，而如雪除了帮自己解决问题，只给自己增压，并不帮自己解压。如雪完全不明白，她尽心尽力，为这个男人付出一切，却只会加重男人糟糕的感觉和巨大的压力，分手对他们来说是必然，只是时间问题。

看到此处，如果你觉得"好人不得好报"，你开始同情如雪，为她深深不值，那证明，你，和如雪性格类似！你要特别小心，你对别人好的方式，真的是别人需要的方式吗？（详见《性格色彩恋爱宝典》）

> 从婚姻的勇敢而言，无人可与黄色性格女子媲美，直接，抗压性强，用给最好物质和结果的方式表示自己的爱。

通常情况，在男女经济地位相同和男不如女的家庭结构中，黄女会占据绝对控制，也就是指内外一把抓，永远保持老婆大人的先进性和控制权。

在黄女和红男的情感冲突中，还有些你务必知晓，可助你走出苦海的重要信息。

红男在生命中激情澎湃，对人兴致勃勃，与红女一样，他们高度需要被人关注和呵护。尤其，情感越丰富，情绪化越重。

处理红色情绪化的技巧，我在性格色彩应用在读心的书中多次强调，就是必须要有宣泄渠道。因此，红男发泄时，特别希望对方静静倾听，帮其缓解情绪，他们首先需要的不是解决问题，而是有发泄的渠道。很遗憾，黄女认为，强者不相信眼泪。看到红男情绪化，会毫不掩饰地鄙视，她们不善安抚，只是批判。愤怒的红男一旦与黄女冲突，难免张牙舞爪，抗议黄女的不温柔和不解人意。

红男需要有人欣赏他们的有趣、快乐和表现力，而这些，在黄女看来，是无聊、幼稚和不成熟。红男从黄女那里，接收的只有压力，而黄女也不在乎对方不满，心想，反正我是对的，我对你说的一切，都在帮你成长。

任凭红男如何反抗，在黄女面前如此无力，掀不起涟漪。红男宁可别人和自己大吵，也无法忍受冷酷无情。可怜的红男，在外怕被耻笑不敢发泄，回到私人空间，本希望能在自己的女人面前流露脆弱，可

211

惜黄女不给机会。就好比黄女"示强"的本能一样，"示弱"也是红男的本能，可红男只要有示弱的苗头，立即就被黄女打压，那还有什么乐趣？没有，红男被逼，只能到其他地方寻找存在感和被理解的感觉。

黄女 VS 蓝男

黄女勇敢，敢于挑战世俗眼光，冲破一切阻力，追寻自己认为正确的爱情，在外界干扰时，益发坚定，即使成为众矢之的的"第三者"，她们想的是——干吗在乎别人怎么想？

黄色的勇敢，表现在对世俗的挑战。假如，这个黄女财务不错，则给男性压力更大，尤其是自尊心超强却不善表露的蓝男。

温蒂家境优越，事业蒸蒸日上，每次去婚恋网，为了避开别有用心的男人，都把豪车停在距离很远的停车场。在网站潜伏几个月后，终于选上一个自己喜欢的男人，把他发展成老公。

男人认识温蒂时，是有点实权的小官，交往个把月后，温蒂准备结婚，遭到家里强烈反对，理由有三：第一，男方离婚过；第二，男方带娃；第三，两人恋爱没多久，男人做了替罪羊，被调离官场。意欲转型的他，原以为凭借才气及人际关系，到了商场可大展拳脚，谁知现实和想象完全不同，屡遭不顺，相比温蒂商业上无与伦比的能力，天壤之别。黄色的温蒂不顾巨大家庭压力，婚礼照常，排场张扬，一切买单由温蒂完成。两人当初恋爱时，有一次，男人提到自己订的房子因为资金紧张要退，温蒂提出没必要，直接把房钱出了。

婚礼上，朋友们对这个二婚男人不仅抱得美人归，还可不需奋斗就享荣华富贵，人人羡慕。婚后，他到温蒂公司帮忙做事，可惜生意不开窍，始终不得法，在长期没有经济地位，又没能力被认可的情况下，外界盛传他吃软饭。这个男人终于日益沉沦，球场、赌场、酒吧，成了每天报到的场所。

蓝色老公在前次婚姻中有个红色的女儿，小朋友注意力分散等性格问题，让温蒂不满，她严格教育起这个女儿，大概批判语言过于强悍，立马被蓝色老公认为"你这么虐待孩子，就是因为不是你亲生的"。这事，让本已被阴霾笼罩的婚姻摇摇欲坠。

假如黄色的温蒂对人的感受能像她对事业那样，同样敏锐，就会立刻发现，双方关系已严重失衡，老公内心抑郁痛苦。可惜，黄色不敏感，觉得没多大问题，老公自己该调整好，发愤图强，毕竟平台都已搭好，在自己公司做事，应该很容易建功立业。

事实上，蓝男极其复杂的内心世界，温蒂连皮毛都没碰到。两性关系中，蓝色把是否能默契沟通，放在最重要的位置，而默契的前提，是能听懂他的话。当他说，自己的房子要退掉，也许并不是要温蒂帮忙解决，而只是想和她一起讨论这事，但温蒂毫不犹豫地把钱出了，令他悲观地认为"她是不是认为我没用，连自己分内的责任都无力承担"。其后，朋友们看似恭喜，实则略带嘲讽的恭维，让男人的内心承担了难以想象的压力。

直到婚姻结束，温蒂还不明白，为何婚前稳重、知性、有内涵的男人最后变成小气、尖酸、刻薄的人。其实，这正好说明性格的一体两面，婚前，你看到的是性格优势，婚后，因为尊严感的缺失，男人的思维和情绪越来越负面，最终，变成她不愿见到的样子。

温蒂的痛，既有男人的问题，也有她的问题。像温蒂这样的女强人，通常都认为是对方伤透自己的心，其实，此前她可能已经无意识地多次伤害了对方的信心，也许是有时流露出的轻视，但自己并未意识到。

> 男人中的强者，通常在妻子的帮助下取得成功；女人中的强者，只有在不怕丈夫拖后腿的情况下，才能成功。

以上两个故事，都是女强人情感中常见的问题。

蓝色和黄色的碰撞虽然表面未必最激烈，但冲突持续最久。在所有性格的碰撞中，这两种性格的相处，最为辛苦。

这两种性格的冲突方式，完全不同。黄色外刚内刚，蓝色外柔内刚。

这两种性格都极具控制力，只是控制方式不同。蓝男，用规则保持对有序的控制，黄色的蛮横，让蓝男反感，黄女应给蓝男保留足够余地；而蓝男应和黄女说话更直接更开放，而不是总让别人猜自己。

黄女不易动情，蓝男情感深刻，对黄女的不敏感和不解风情感到沮丧；黄女理性，少为情感打动，蓝男感性，情绪化藏于内心，这种情绪化在冲突中，伴随着蓝男的沉默和不主动沟通，更会让黄女愤怒。蓝男和黄女吵架时，蓝男的冷暴力，比红男的发飙，更恐怖。

蓝男想听道理，然而，黄女自以为是，觉得世上只有自己最了解自己。遗憾的是，黄色在所有性格中，最不愿审视自己内心，最不愿意承认自己的性格问题。

黄女 VS 黄男

如果此刻你对黄色的掌控和赢的特点已经有所了解，那么，两个黄色相遇，谁更强？

黄男有强大控制欲，怎会允许一个女人控制他？当黄男发现自己无法控制这个黄女，要么分道扬镳，要么为了利益继续在一起，各行其道，各找花草，互不干涉。

两个都不肯相互迁就和包容的黄色，彼此会为了争取主导而进行势均力敌的较量，表面是情侣，更像是对手；彼此都希望控制对方，感觉自己是一家之主，无比重要。

两个黄色争斗，没有情感负累和拖泥带水，彼此欣赏对方的行动风格，却对对方的强硬都不满，殊不知，他们自己也很强硬。当黄男事业强于黄女时，经济基础决定上层建筑，黄女声音会降低；但双方势均力敌时，必有明争暗斗；当黄女事业远远强于黄男时，分裂概率大大提升。

当黄男发现黄女情感上不依赖自己，决策上也自己拿主意，在这个女人眼中看不到对自己的崇拜，为了寻找被景仰的感觉，容易去外乡寻觅。而黄女心态一样，她们未必希望男性一定臣服，但她们对男人尊重自己的需求极高，希望双方平等，只要男人流露出对自己意见的不尊重，就不爽。

> 事业上，两个黄色性格一旦冲突，该是"两黄相遇，更黄者胜"；情感中，两黄相遇，一旦发生冲突，更容易"两黄相遇，两败俱伤"。

通常情况，单身女性一旦事业强大，既没时间经营感情，可选择对象也少。层次越高，意味着离嫦娥的生活越近，跟孤独为伴的机会越大。

女强人常见的婚姻形式是——女强男弱，但如果这个男人真的没啥本事，在女强人的眼里，又往往会一钱不值，常常流露出对男人无能的嫌弃和不屑，或每天时不时地拿其他男人和自家男人来对比，试图用这样的强力激发身边的男人。

挤进男人圈里的女人越优秀，难免跟更多男人打交道。而如果你的男人事业上不如你，你又不认可男人对你生命的意义，两人差距只会越拉越大。如果女强人愿意对自己的男人发自内心地尊崇，两性关系必将无比美好，可问题是，很多优秀的女强人很难从心底认为那个赚钱比她少、事业没她成功的男人有啥比自己强的。

黄色越多的女强人，越期待男人超过她，因为所有女强人的爱情产生于尊重，如果男人不比她强，她又怎能尊重？

她们拼命找比自己强的，于是也找了个男强人，但遗憾的是，这并不是最合适的婚姻选择，像《纸牌屋》中这样的政治婚姻只是不常见的一种选择罢了。一般情况下，如果没有相同的利益追求目标，事业型的丈夫很难长期忍受妻子是事业狂，如果女强人不从事业中抽出时间来照顾家庭，女强人最终面临的只会是——家庭控制权的冲突以及男人的背叛。所以，这就最终取决于你的选择是什么。

但还有一种情况，黄男与黄女，两人有共同的利益和目标，结成联盟一起奋斗，这也是和谐婚姻的另一种形态。只是在这种和谐之中，并不包括两人情感上的你侬我侬，就像《纸牌屋》中的那对夫妻，在政治上是绝佳的盟友，即使两人各自出轨，这段婚姻关系依然是稳固的。再细腻一些来分析，这里面还有两者强弱对比的微妙关系，如果一方更强，另一方起初进入婚姻时，会抱着学习的心态，甚至可以变绿来顺应对方。一旦弱的一方实力上升，两人势均力敌，而两人利益发生冲突，则分崩离析可能极大，但也有可能随着黄女与黄男实力对等，两人都需要彼此的支持和助力，关系变为盟友，更加牢固。

对女强人而言，你依旧可以保持平日里的自信和优秀，只是需要多关注些身边人的感受，当红男萎靡时，多些鼓励和赞美，而非施压和刺激；当蓝男抑郁时，多些陪伴和理解，而非指责和批判；而当你与同样强势的黄男相处时，切记，你太喜欢随时随地争胜负了，要求自己事事占上风，事事我有理，冲突和分歧中，永远我是对的，你是错的，这对另一个和你有同样需求的黄男是不能接受的。

> 对男人而言，和黄色性格女子相处最大的痛苦，是她给男人的压力不堪重负。黄色性格永远不会理解，自己能随时散发无处不在的压力，即便到了婚姻解体，她们仍不明白。

为什么对黄女来说，示弱非常重要？

第一，女子示弱乃风情。

除了自信，能让自己从毛孔中散发出一些宽容和体谅的气息，是吸引男人愿意长久拜倒在你的石榴裙下的法宝。须知，女人的风情是留住男人的最好手段，而风情是一种软绵绵的东西，可让男人神魂颠倒欲罢不能，而既不解风情又不善调情，始终是两个人情感互动的障碍。

搞笑电影《情癫大圣》中，美女嗲声嗲气问唐僧："你爱我吗？"唐僧狠声吼道："不爱，就是不爱！"这时，若是太自尊或太倔强的丫头，必然翻脸，起身离开，"不爱拉倒，老娘还不稀罕呢！"谁知，小美女只是气馁地一眨眼，瞬间又放下身段，眉目传情，娇声细语地黏了上去，说道："不要啦，夫妻俩床头吵架床尾和啦，你爱啦。"——这就是示弱，这就是功夫，对性格中有黄色的女子，这真的是要一生修炼的功课。

> 天下强势的女子在两性关系相处上，不需
> 要装弱小、装没用，装穷、装笨，而是要学会
> 示弱！

第二，男人欲保护唱戏，女子当示弱搭台。

在《围城》中，方鸿渐婚后才发现孙柔嘉的真面目，当初被蒙蔽，可惜已经晚了，他并没有选择更早相识的苏文纨的其中一个原因就是，交往时，苏文纨在方鸿渐面前始终表现得像个强者，学问好，人精明，令人敬畏。而孙小姐一出现，在方鸿渐眼里，就是

个弱者扮相。她刚毕业，孤身跟随一群自私冷漠的男人远行，历尽艰辛磨难，到了目的地，还受到帮派势力的欺辱与排挤。女孩的无助，引起方鸿渐的同情，唤起他济弱扶困的天性，面对孤弱如猫一样的孙柔嘉，方鸿渐义无反顾地担当了保护人的角色。

方鸿渐可以拒绝强势，但却难以拒绝弱女子的求助，可以说，是女人的弱击中了他，使他屈服。孙小姐柔弱天真温顺的外表，扮演得楚楚可怜，实际上，正是她为了达到目的，伪装出驯服男人的手腕。正是因为并非发自肺腑，故此，不会长久，但毕竟"示弱"比"示强"更能触动男性的内心。

如果你的性格与苏文纨的性格一样，此刻，你可能会有一种想法，活该方鸿渐这样的男人看走眼了吧?! 活该被女人骗吧?! 虽然我这样的女子脾气上有点倔有点硬，可是人好啊，谁让你不选择的……我完全理解你这样的想法，因为我也是这样的人，可你终究有一天会明白，人性的法则是——人们还是愿意和那个让自己相处舒服的人在一起。

第三，天下武器十八般，示弱面前俱一般。

同样的手法，在古龙的《七种武器之长生剑》中再次出现。袁紫霞将"示弱"之道玩弄于股掌之间，可谓个中绝世高手。

青龙会丢了孔雀翎的图纸，袁紫霞奉命追查叛徒找到图纸，可她武功很低，搞不定对手，不过，她有自己的武器。她先用弱不禁风的外表迷惑了白玉京，并让他产生一种错觉，江湖人士是来找自己麻烦的，这极大地激发起白大侠的保护欲。然而，白玉京没想到，这位弱不禁风的女子竟是青龙会的堂主，之后精明的白先生在糊里糊涂中就成了姑娘的棋子。整个过程中，姑娘的示弱天分，让人过目不忘。

聪明的女人在男人面前总会装出弱不禁风的样子，将吃苦受气的事儿都留给男人去做。在感情的问题上，示弱永远是女人最好的武器，原因很简单，因为看似无所作为的示弱，事实上却足以触及男人最脆弱的神经。

男人在女人面前，本来就喜欢以保护人和强者的姿态出现，有时，他们嘴里虽然在抱怨女人没用，其实心底却沾沾自喜，女人如果能够抓住男人的这种心理，那么影响男人又有何难？这也正是"欲取先予"道法的精髓所在。

总而言之，黄女习惯了独立、坚强、担当，习惯了天塌下来自己顶着，习惯了没有男人也能活，而且能活得更好，而且还能活得比男人还好，如果情感中如此一路发展下去，就离孤家寡人的人生不远了。学会示弱，是黄女重要的情感功课。

姑娘，你强了这么久，那么多难事都被你搞定了，如果能得到幸福，示个弱，算个啥？不妨试试噢。

18

独立坚强
——男人不要也无妨

独立的女人分为两种：真独立和伪独立。

> 真独立的女人，天性不愿依赖，是真老虎，黄色性格居多；伪独立的女人，骨子里想依赖，但没机会依赖，是纸老虎，只不过被生活逼得强装独立，渐渐忘了依赖，是披着黄皮的红色性格。

黄女的独立，是能把很多男人逼疯的独立。她们不愿听取男人的意见，觉得这是独立女性让人省心的宝贵品质，很遗憾，在男人看来，那只是一个自说自话的强势女人罢了。

有个朋友，典型黄色，仙姿玉色，娉婷袅娜，宅男飘过，无不拜倒。但婚礼让你无法想象。黄女因已有身孕，让老公（当时的未婚夫）回自己的老家领结婚证。老公带着妈妈兴冲冲地赶去女孩的老家，傻眼了，原来不光为拿证，而是在他过去的第二天，便要举行一场轰轰烈烈的婚礼。老公措手不及，问她为何不事先商量，两人的大事怎可独断专行？！她回答得云淡风轻："我都安排好了，你只需婚礼上去站站就好了。"老公甩头就要走，被双方老人死死拉住。你无法想象，对这个丝毫感觉不到被老婆尊重的男人，婚礼是怎么熬过去的。

在女方老家，婚礼越大，证明对这个女婿越重视，但问题是，黄色女孩没尊重过这个男人，本是两人的大事，自己全权定夺。婚后，自尊受挫的老公干脆不理，一个月未与她联系。没多久，跟前女友旧情复燃，长达两年的分居中，对她不闻不问，不管不顾。但黄色的厉害在于，无论男方怎么软磨硬泡，就是不离婚，直到前女友熬不住了，在三人的耐力赛中败走。黄色女孩觉得自己终于成为胜利者，一切忍耐，值了。

红女的独立，有点悲剧，算是故作坚强的独立。她们经常强调："又不是我要做女强人，都是社会逼的，我有什么办法？无论表面多坚强的女人，也会选个愿意让自己臣服的男人，大女人内心深处有小女人，只在她愿意臣服的男人面前释放，这该是女人的天性吧。"

这种独立，很多时候只能留着顾影自怜时用。她们在深夜，自怨自艾，一边舐伤，一边自我表扬，其实，内心无比希望被呵护，可因为惯性，当把习惯了的伪独立，不小心展示在男人面前时，没有意料中期待的被欣赏，甚至被反感。红色得到评价后，一定认为对方不懂欣赏，品位低下。然后，自个儿回家，问苍天问大地，苍天不长眼，世上那个最懂我的人怎么还不出现……

黄色性格女子的真独立

确实真独立，而且不在乎男人看法的黄色，当男人离开时，会告诉自己，如果男人是因为我太独立而离开我，只能说明他幼稚，这种男人完全不值得去爱。

琳达跟老公是大学同学，两人都是黄色，彼此欣赏，大学毕业就结了婚。大学里，还有一个红男追求过琳达，因为琳达对当时男友（也就是现老公）较满意，所以根本没考虑。红男被拒后，见琳达结婚，也跟一个喜欢他的女生结婚。五年后，琳达夫妻事业发展顺利，琳达在公司节节高升，老公自己创业，分公司开到外地。

由于老公平时不在身边，每周回来一次，后来，因工作忙，改为两周回家一次。买房、装修、修理漏水、换保险丝等等，都是琳达自己搞定。做的时候轻松自然，久而久之，她也就不在意老公在不在。她渐渐发现，每次老公回来，臭袜子往沙发上一丢，回屋去忙自己的事，对她在家务上的付出，从没主动做过什么。她对此分析，老公常年在外地，对他而言，家只是别样的酒店，无形中，老公将自己当成了服务员，对自己的付出熟视无睹，视作理所应当。她突然意识到，其实老公在不在，对她来说，没有差别，黄色发现问题立即解决问题的思维，让她只关注如何解决困难，却一直没关心他们之间是否已出现问题。

就在此时，红男再次出现，向她表白，告诉她，这么多年依然思念。红男崇拜她，将她奉为女神，这让她体会到了自己的价值和存在感，加上老公的淡漠，让她质疑自己的选择。但红男的红色老婆，听说他们的事，闹得激烈，威胁自残，从二楼跳下来摔伤。当红男心怀歉疚述说此事时，琳达不屑地说："真要寻死，为何不从高点的楼层跳？"因为琳达毫不心软、油盐不进，一段持久战后，红男的红色老婆熬不住了，自行告退，红男离婚。等到此时，琳达找到老公离婚，老公问其原因，琳达毫不避讳地说，自己有了外遇。老公冷笑一声，爽快分手。

两人离婚分割快速。她和红男结婚也很快，没婚礼没酒席，九元钱领了证，去了趟巴厘岛，搞定。婚后，红男包办所有家务，工作之余都为"女王陛下"效劳，她也享受她指哪儿红男就打哪儿的协作。蜜月期完，她很郁闷红男风雨无阻都接她下班的体贴过头，更糟的是，大街上或熟人前，红男总要和她搂抱，她总会毫不客气地甩开他的手，他就会眼泪汪汪地看着她，像条被主人遗弃的小狗。最麻烦的是，她逐渐发现，红男虽然人聪明，但缺乏上进心，在父母呵护下长大，无法适应恶劣环境。有次家里吃饭，公婆都在，她对红男说："少吃点，最近你又胖了。"红男便可怜巴巴地放下筷子不吃了。公婆见状，认为恶媳虐儿，一个跑到阳台，一个躲进厨房，暗自抹泪，心疼儿子。琳达觉得这家人简直不可理喻。

最后，琳达和红男离婚，但提出离婚的，不是琳达，而是红男，红男说："你太独立了，我感觉你不需要我。而且你这么难以取悦，我做什么，你都认为不对。"签署离婚协议书那天，忽然，琳达有点想念她黄色的前夫。

独立的黄女，向往找到一个彼此认同，和她一样的黄色男性，大家携手组成生产互助合作社式，有共同目标时一起合计，没共同目标时互不干扰各行其道。(参考用性格色彩读心的那本书中《纸牌屋》性格分析片段)但黄色也有情感需求，虽然不像红色那么旺盛，而且有时连黄色自己也忽视了，但这才是最要命的，当发现时，有些情感中的化学反应已经消失了。

没错，总会有男人喜欢独立的女人，譬如，这个故事中的红男，因为独立的女人身上有很多吸引人的特质：自信、尽责、有主见、可依靠、爽朗、简单。但像琳达这样的黄女，她们展现自己的独立时，也在男人面前同时不经意地散发出一种气息，仿佛在说："你没用，我根本不需要你。"和她们相处，不会有纠缠不休的累，但会有种冰冷和硬邦邦的感觉。红男本想用自己的热情将她暖化，结果自己却被冻伤。

到底什么是女人真正的独立？

作家黎戈在评价莱辛老奶奶时，曾经探讨了"自由女性"这个命题，并且表达了她对独立女性的看法，我深以为然。她说："独立不是一种坚硬的两性对抗，而是我根本就懒得对你施力。"

莱辛老奶奶曾写过一篇小说，主人公朱迪思有个男朋友不关心她的精神生活，她懒得解释，大家各自保留私人地带。男的说，要离婚娶她，她说，不用啊，你和老婆生活很好，我们这样不错，我比较喜欢一个人在床上醒来。朱迪思很漂亮，朋友送了条裙子给她，一穿就光彩夺目，但她马上脱了，换上自己的旧袍子，把自己的好身材盖住。比起那种花几小时穿衣打扮，以期夺目的女人，那才是真正的自我。你想，女人穿漂亮衣服，不外乎是悦人和自宠，我谁都懒得悦，怎么舒服怎么来！她绝不会为了成全你的顺眼，而牺牲自在，她的选择是，脱掉。

红色性格女子的伪独立

红色的独立女（包括红色和"红＋黄"）比黄色的独立女要悲催，这种貌似独立其实依赖的红女，别急着找男人，最迫切的是，先搞清自己是谁，因为不认识自己会带来的痛苦，会远远大于暂时没有男人的苦。只不过，贪图眼前享受的人，总是将最重要的事搞混。

乐老师，怀着一线希望找您解惑。我用尽信念支撑着自己，可依旧心力不足，太折磨人了。我看佛学、哲学、《圣经》，练瑜伽，学灵修，让自己保持乐观。身边所有的人都说我是好女孩，独立、善良、大方，相貌外形都不错。我今年三十七岁，三线城市的公务员，讨厌欺骗和做作。相亲无数，还是单身。我不图名利，只想找个和自己差不多，乐观积极，能聊得来的伴，可是，好难啊！

最近，先后认识两个北京男生，都觉得我太独立，没有小鸟依人的感觉。呵呵，难道独立也错？难道女人的柔弱，都要从嗲声嗲气中来？第一个男生，说我各方面都很好，聊得来，就是没感觉。第二个男生，说我性格好，但没有黏人的感觉，说我太独立，天哪！独立也是错？（我其实一直努力修炼，让自己可以独立）

姑娘的提问，充斥着迷茫、犹疑和不确定。初恋因为生活压力大和她分手，因此，她认为，只有自己独立、优秀，才能赢得男人，爱情才有保障。当她努力做到后，又被相亲的男人抱怨"太独立""不黏人"，所以，停杯投箸不能食，拔剑四顾心茫然。

因为她一直努力的方向，就是按照网络教导的"女人要独立，要有自己的空间"，一步一个脚印，而她努力的目的，是得到男人认可。从这点来看，她必是红色，容易受他人评价的影响，内心不坚定，常受情绪左右，虽然努力改变自己，但世上众口难调，有人喜欢黏人的，有人喜欢不黏的，假如她只是因为男人的评价标准而调来调去，最终会连真实的自己都找不到。

因为她的红色，所以她喜欢的是真实、自然、不做作，但却因为别人的评价而改变自己的标准，她内心的迷茫和痛苦，源于不知道自己是谁，也不知道自己该怎么去做。她需要做的第一步，是看清楚自己性格中的优势和过当，由于她的红色，当她想像黄女一样坚定时，其实很难做到。

红女的内心极其脆弱，容易受伤。红女的独立是伪装，是自尊心作祟，其实内心想要被关注和依赖，但嘴上却高喊独立，心口不一，有说不出的苦。号称独立的红女，喜欢到处叨叨，说出一堆看似有道理的理论。由于红女天生的渲染力，经常会让人以为那是真独立，事实上却禁不起琢磨，有时候，一句话就能让她的伪装崩溃。故此，独立的红女是打肿脸充胖子，最容易喝醉。

> 表面独立，内心依赖的女人，职场上比比皆是。当这类女人遇到不那么喜欢的男人时，会将自己工作训练出的坚硬外壳尽情展现，他人当然无法触摸到温柔与依附；但当她遇到自己真正喜欢的男人时，很快就会有小鸟依人的本性。

犹如张爱玲，原本高傲不凡的才女见了一个男人，完全变了样，只想卑微地对他好，见了他，变得很低很低，低到尘埃里，但心里，确实喜欢得似尘埃里开出花。

无论你是第一种真独立，还是第二种后天被训练成的"伪独立"，绿男都喜欢，这样他就可完全听从你这个女主的召唤，记住，只有绿男才能全方位欣赏独立的女人。而其他三种性格的男人，并非如此，只是希望你既能独立处理麻烦，又能在该依赖的时候表现依赖。

《我是演说家》第一季里我的学生——与癌症斗争三年的单亲妈妈章早儿，述说了独立性太强给自己带来的无数苦头：

我从小觉得不应依赖别人。我以前有个男友，条件不错。他喜欢我乖，他愿意赚钱养家，让我在家貌美如花。可是，我太没安全感了，我认为，他愿意养我，就是因为我无能。我固执地认为，男人始终会爱上优秀的女人，而优秀女人的首要条件，就是要让自己独立。于是，我放弃了一切，离开了这个让我舒适的家。这个男人，是我儿子的父亲。分开后，我不找他要生活费，我自己赚钱，买房，养儿子。后来，遭遇了很多变故，我拖着病体，其实特别无助。但是仍然不想叫苦，想死撑。孩子的父亲跟我有段对话："我一直很喜欢你的好，我们不是因为仇恨分开。但是你太逞强了，即便我们分开，给儿子生活费，那也是我的责任，我也想对儿子表达爱，而你的逞强剥夺了这些机会，这些逞强，也会让你变得更苦。"

听上去，两人都有各自的悲情，那么，到底独立女性在两性关系中应该怎么调整呢？

伪独立女性，要真正认识到，你不是真独立，只是伪独立。得，啥都别说，先乖乖地找到那个真实的你，并且回归，否则，你太拧巴，过得太不像自己了（如何找到真实的自己，参阅我的自剖录《本色》）。

真独立女性，让自己瞬间变柔软的四招秘籍如下：

第一，多说废话。

诸如"辛苦了""其实你已经做得不错了""你为我做了这些，真的太好了"，这些看似没用的废话，其实最有用。对性格刚硬的独立女性来讲，不习惯讲述慰问、认可、感激的语言，可男人最需要的其实就是这些。如果能发自内心带着真诚的感受去说，就能让对方体会到你的柔软和体贴。须知，学会开口说废话，方有人间烟火味，此乃经久不衰的法宝。

第二，避免紧绷。

工作时，处理紧急重要的事情，紧绷和专注，可帮助你排除干扰，更快地实现目标；但是，恋爱中的亲密相处，用不着太紧绷，弓满易折，弦紧易断，有些事儿，慢些做，暂时死不了，总比由于你的紧绷让你真爱的男人心死要好。

第三，跟随对方。

因为你常常做决定太快，人家还没反应过来，你都已经做完了，这样，就剥夺了男人主导事情的欲望，久而久之，他会越来越消极，越来越被动，毫无存在感。你要多给人家一些表现的机会，别把所有的戏你自己给全唱了，留点活儿给人干啊，否则，人家根本不会认为能干，只会认为你自说自话，剥夺了男人作为男人的权利。即便人家不如你那么英明神武飒爽英姿，但没准儿，他的思考角度和做事方式，也能带给你一点别样的启发。

第四，学会依赖。

一个跟我学演讲课程的学员课后修炼得不错，她是这么描述自己在"独立与依赖"两者平衡上的心得。

我在厨房做鱼，剖开鱼肚后，鱼居然活蹦乱跳，我故意吓得高声尖叫，老公急忙赶来，抓住鱼身，用菜刀狠劲一拍鱼头，鱼就不动了。然后，他心疼地搂着我，像哄小孩似的。此后，每当可英雄救美，他总是夸张地发挥一番，似乎没他我就没法活。男人向往充当女人的庇护者，哪怕只是一瞬间，也能带来莫大的鼓舞。每到这时，我甘愿做受伤的小鸟，依偎在大树的怀抱里撒娇。为了使老公强大，我有意识增强自己的依赖感。其实，我的独立性很强，很有主见，但我总问他："这事怎么办？"老公来劲了，给我出很多主意。其实，我最后是否采纳，事情怎么办成，他并不在乎。

赫本小时候被她爹抛弃，骨子里情绪化，没有安全感，这也许是她最楚楚动人的地方，有种惹人爱怜的无助；而嘉宝整个人融进了她的角色瑞典女王中，将那个硬朗、专权、独立、完全不介意外界评价的女王范儿，刻画得犹如真身在世。她们两人，显然，赫本更能激发起男人的保护欲，而一个已有女王范儿的嘉宝，在男人看来，还能要什么保护呢。正如嘉宝用《克里斯蒂娜女皇》中的著名台词总结了她自己的这种宿命："我，将以单身终生。"

对独立性强的女子而言，如果只为自己找个夜战安神的陪练，无须多虑，随你怎么来；如果你还想发挥他作为男人应有的其他功能，切记：让他觉得自己有用，让他觉得你的确需要他，至关重要。

跋：乐己之道，明心见性

会看本书的你，现在有没有结婚，我不知道；以后要不要结婚，我也不知。但你若从头到尾认真读完本书，可以确定的是，生活中给你来一段美好的爱情，你并不介意。

看完本书的"单身十八条"，有人可能会说，那十八条，都和我无关，我觉得我单身的原因是：一、我圈子小，认识男人少；二、我工作忙，没啥时间谈；三、我长得不够好看。这三种说法，听上去浩然正气，掷地有声。

持说法一，强调自己圈子小，不认识很多人的姑娘：

你既然知道自己宅，整天窝着看网剧，活在梦幻中，见不到什么男人，那就应该立刻告别宅女，走出房门，认识更多的人。若是职业所限，平时抬头闭眼就那么几张面孔，就该参加社团，在如今为了认识妹子都可以做专车司机的年代，认识人难啥，就看你是否想做。如果你说自己不会认识新朋友，那就是你守株待兔，性格被动的问题，请再去看本书"被动"篇，记住，性格问题，莫拿圈子做挡箭牌。

民间故事有曰：老娘出远门，走前给儿子烙了一张可够吃几天的大饼，挂在脖子上，回来后，发现儿子饿死，因为他只吃嘴边的，离嘴稍远点的，都不愿伸个脖子去咬。姑娘，你别学那个懒儿子啊，果真如此，只能说"天作孽犹可恕，自作孽不可活"。

持说法二，强调自己工作忙，没时间谈情说爱的姑娘：

可用"情感转移"和"追逐成功"两篇自救。前面那篇，写给怕受情伤，故此，用工作让自己日理万机的姑娘；后面那篇，写给与生俱来事业快感远超爱情快感的姑娘。两种姑娘，貌似孪生姐妹，其实天差地别，各自的内因和修炼之道，是逍遥派和峨眉派的差别，可叹，世人混为一谈。如果在错误的认知下用错方法，不仅无法解决问题，更会恶性循环，变成死结。这个道理，就像嗓子疼发热，既可能是病毒感染，也可能是细菌感染，要知道怎样治疗，必先验血，搞清病因。病毒感染，别用抗生素，不如多喝水，好好休息；细菌感染，要用抗生素，耽误的话，可能发展为肺炎。

现在，你都读到本书结尾，还在那一面哭喊要爱情，一面说工作太忙没时间，那就只有一种可能——你内心压根没意愿。好比朋友约见，常说"这礼拜真的忙，过段时间空了再约"，其实，大家心知肚明，礼节托词罢了，真心想见，半夜爬起，兴起而至，拿出雪夜访戴的劲头，有何不可？说到底，姑娘，是你自己找男人的动力还不强。

持说法三，强调自己长相平平的姑娘：

须知，古代四大美女的结局多数凄惨凋零，无一善终，而四大丑女则个个幸福，人生圆满，她们的人生信条是"重美貌不重德者，非真美"，而她们找的老公个个信奉"重德轻色者，才是真贤"，这些都有史为证。

你长相一般身材一般，那就用气质摄人，好好读书，腹有诗书气自华，可惜，你不肯花时间慢修内功。

适婚男人比适婚女人至少多了四千万，随便怎么挑，你都有的找，可你就是不愿将就。所以，归根结底，姑娘，是你要什么男人的问题，不是你找不到男人的问题。

现在你明白了吧，本书，表面在谈你该如何找到自己的爱人，其实，你上当了，我真正想谈的是——你到底该如何正确地认识自己！

史上最熟练的哲学家——小区保安，每天问："你是谁？你从哪儿来？你往哪儿去？"同理，衍生出三大人生思索："你知道你是谁吗？你知道你的问题是什么吗？你知道你到底想要什么吗？"

因为认不清自己，你根本不知道自己想过怎样的生活，想找个怎样的人，在做选择时，总是犹豫彷徨，总与幸福擦肩而过，流下后悔的眼泪。

因为认不清自己，你自我感觉良好，活在自己的海市蜃楼中，用打鸡血的成功学天天鼓舞自己，"耶！只要努力，无事不能"，而且反复催眠自己，"有梦就有希望，即便梦幻破灭，我爱过，也无怨无悔"，以为这句话是唯一人间真理。

因为认不清自己，你以为自己看得明白，其实，根本不解别人真实的想法，从来没搞清自己的爱情为何总是无疾而终。问题一发生，就将罪责指向他人，认为自己的问题不大，不过无足轻重，而对方，才是罪魁祸首，自己是个善良的受害者。

因为认不清自己，你被鸡汤和情感专家洗脑多了，所以，才会自我催眠：我就是这样的人，我这辈子肯定没法改，我要做自己，我只要找到真爱，啥问题都没了，我现在有那么多问题，是因为真爱还没到来，只要那人对我真爱，必定全盘接纳我所有的一切。唉，真是自我洗脑的高手啊。

因为认不清自己，以为激情就是一切，闪婚闪离，我走我的路，多酷；更可惜的是，屈从于外界压力，即便结婚前对婚姻有不祥预感，可为了说明自己有担当，为了责任甘愿牺牲自己，为了家人不惜付出。最后悲催了，不仅自己一个人抑郁，还成功把家人也连带得全部抑郁，曾经舍己为人的高尚付出，变成了毫无价值的悲壮凄凉。

我希望本书的阅读，能帮你打开一扇门——一扇认清真正自我的门。当你读完本书，突然发现，你好像不认识那个镜中的你。

我见过很多不停追逐幸福的人，可这些人对幸福的全部理解，就是每天在朋友圈中发满九宫格的幸福语录。她们并不明白，你的生活如果到处都是温暖，你是不可能发现关于你自己的真相，因为无论你多么强大，你必须承认，人人皆有软肋。

买了本书在看的人，未必人人都会看到这段尾声，事实上，本书强调的核心，就在这篇跋，只有一句话，那就是——**通往你想要的幸福，首要的关键，是真正认识你自己。正所谓"乐己之道，明心见性"："明心"——清醒地洞见自己真实的内心所想；而洞见的第一步就是"见性"——认识自己的性格。用性格色彩助你见到最真实的你，明本心，见本性，明真心，见真性，开启你的悦己之路和幸福之门。**

若拿起本书时的你，对性格色彩尚只知其表，那么，恭喜，此刻的你，已略知其里。阅读中，有心的你，难免萌生种种疑惑和好奇。

我似乎每种色彩都有点儿，这到底算哪种性格呢？性格可以随着经历变色吗？改掉自己的缺点，就不是真正的自己了，那还怎么做自己？为什么我觉得男友有时像红色，有时像蓝色，到底是什么性格？我怎么判断我和那人是否合适？我想知道怎样可以搞定别人的方法？

真实的答案特像广告，你若想了解更多，可参详《性格色彩原理》《性格色彩恋爱宝典》《性格色彩婚姻宝典》；你若想掌握性格色彩这门工具，为你所用，成为你的人生利器，不妨参加性格色彩课程学习，在面对面的课堂上，我在那等着你，你会见到三教九流的同学，听到五湖四海的故事，真实地进行心灵碰撞和交流，从而发现一个真正的久违的你从来没遇见过的你所不知道的自己。

愿你我相遇时，你两眼带光，笑着对我说，这书让你找到了那条路，那条通往你想要的幸福的路。

乐嘉

附: 乐嘉与性格色彩大事记

2000 年

· 乐嘉研发的 "FPA® (Four-colors Personality Analysis) 性格分析与沟通" 企业培训课程面世。

2001 年

· 创立 "性格色彩钻石法则®" 理论。

2002 年

· 乐嘉学习魔术时, 受 "四布合一布" 启发, 创立 "FPA® 性格色彩"。

2003 年

· 创立 "性格色彩本色论" 和 "性格色彩动机论"。

2004 年

· "性格色彩讲师与咨询师" 首期课程举办, 开始建立性格色彩传播团队。

2005 年

· 为让性格色彩更易传播, 寓教于乐, 乐嘉发明了 "性格色彩扑克牌", 取得国家专利。

2006 年

· 乐嘉的第一本书, 也是性格色彩学第一本著作《色眼识人》出版, 上市后, 即成为当当网社科榜畅销书, 连续在榜 107 周。

2007 年

· 性格色彩英文商标, 正式使用 "Personality Colors®" 替代 "FPA®"。

· 乐嘉任 CCTV2《商务时间》节目嘉宾, 首次亮相电视节目, 用性格色彩分析名人。

233

2008 年

· 正式确立性格色彩四大研究领域——"洞见＋洞察＋修炼＋影响"，完善了性格色彩学的理论体系架构，奠定了性格色彩与其他性格分析工具的核心差别。

· 乐嘉将性格色彩应用到学校教育，为深圳的 1200 名中小学校长及幼儿园园长进行了"因人而异，因色施教"的性格色彩教师培训。

· 乐嘉被聘为西北大学管理学院客座教授，为 EMBA 讲授"性格色彩领导力"。

2009 年

· 性格色彩讲师团队为全球 500 强罗氏制药和上市公司百丽集团内训，累计各自超过 50 场。在领导力、团队管理和销售培训领域，性格色彩成为知名企业核心课程。

· 性格色彩成为华东理工大学 MBA 选修科目。

· 乐嘉在武汉大学做"性格色彩心理咨询技术运用"培训，同年，任湖北省心理咨询师协会高级顾问，性格色彩正式进入心理咨询领域。

2010 年

· 乐嘉任江苏卫视《非诚勿扰》心理专家，此后，连续三年，该节目成为家喻户晓的国民综艺，保持中国常态综艺节目收视率第一。

2011 年

· 乐嘉任江苏卫视《老公看你的》节目主持人（全国卫视每周五收视率第一）。

· 乐嘉任江苏卫视《不见不散》节目主持人（全国卫视每周一收视率第二）。

· 乐嘉连续两年举办"嘉讲堂"全国大学校园"性格色彩与人生规划"巡回演讲。

·《跟乐嘉学性格色彩》出版，销售量逾 200 万册，获年度非虚构类图书全国第一。

2012 年

· 乐嘉在悉尼市政厅举办性格色彩演讲，创澳洲华人演讲最多听众纪录。

· 乐嘉在温哥华剧院举办性格色彩演讲，创加拿大华人演讲最多听众纪录。

· 乐嘉被聘为河海大学客座教授，讲授"性格色彩与主持艺术"。

2013 年

· 乐嘉任深圳卫视《别对我说谎》主持人（播出一集后收视率从第 14 位升到第 3 位）。

· 乐嘉任国内首档性格色彩综艺谈话节目——深圳卫视《夜问》主持人。

· 乐嘉《本色》出版，年度销售逾 150 万册。

· 乐嘉连续三年共 6 季任安徽卫视《超级演说家》和北京卫视《我是演说家》的常驻演讲导师，成为中国最具影响力的演讲导师。

2014 年

· 由乐嘉主编，乐嘉学员共同主创的性格色彩应用书系《色界》三本陆续出版，丛书涵盖性格色彩学在不同行业的实战运用。

· 由乐嘉学员所著的《性格色彩品红楼》《性格色彩品三国》《性格色彩观电影》等性格色彩主题图书出版。

· 乐嘉任 CCTV1 名人访谈节目《首席夜话》主持。

2015 年

· 应剑桥大学彭布罗克学院邀请，乐嘉做题为"性格色彩与全球文化"的演讲，创剑桥大学华人演讲最多听众纪录。

· 乐嘉首档性格色彩脱口秀节目《独嘉秘籍》，在优酷视频上线。

· 性格色彩划时代的工具——"性格色彩卡牌"诞生。

· 乐嘉独创的演讲秘籍正式诞生。

2016 年

· 乐嘉主讲的性格色彩音频，上线两小时即销售 1 万份，在喜马拉雅心理付费节目连续 3 年排行第一。

· 乐嘉连续两年任全国首档大型创业投资节目——湖北卫视《你就是奇迹》的嘉宾主持人。

· 乐嘉被聘为上海大学温哥华电影学院客座教授。

2017 年

· "性格色彩卡牌师" 和 "性格色彩卡牌大师" 两门课程诞生。

· 乐嘉开始连续三年任 "团中央全国中学生演讲大赛" 评委团主席。

2018 年

· 乐嘉在喜马拉雅推出 "性格色彩婚恋宝典" 音频课程，创情感类课程第一。

· 乐嘉在蜻蜓 FM 推出 "性格色彩亲子宝典" 音频课程，创亲子类课程第一。

· 乐嘉任天津卫视《创业中国人》嘉宾主持人。

2019 年

· "性格色彩读心之道" 线下课程举办，乐嘉开始每月亲自讲授大规模线下普及课程。

· 乐嘉连续两年任广东卫视创投节目《众创英雄汇》的心理专家。

2020 年

· 乐嘉的说话宝典——"用说话掌控人生" 音频课程登陆蜻蜓 FM，创口才类课程第一。

· 乐嘉发明 "小六演讲法"，与 2015 年创立的 "大六演讲法"，合称 "六字演讲"。

2021 年

· 乐嘉性格色彩线上视频训练营启动，学员一年过 200 万，创全网心理类视频课程第一。

· 性格色彩认证的卡牌师和卡牌大师达 3000 人，接受卡牌评测人数过 300 万人，其中卡牌付费咨询人数近 30 万。

2022 年

·数年来多次闭关，将二十年研究积淀重新整理，精修增补，并潜心写作新著。自 2022 年起，在 2025 年底前，将陆续完成性格色彩系列 21 本新版及新创专著出版。其中包括，经典系列 4 本：《跟乐嘉学性格色彩》《性格色彩原理》《性格色彩读心之道》《性格色彩卡牌指南》；宝典系列 8 本：《性格色彩单身宝典》《性格色彩恋爱宝典》《性格色彩婚姻宝典》《性格色彩职场宝典》《性格色彩亲子宝典》《性格色彩销售宝典》《性格色彩说话宝典》《性格色彩教育宝典》；应用系列 2 本：《性格色彩 360 行》《性格色彩 72 变》；演讲系列 2 本：《跟乐嘉学演讲》《跟乐嘉学培训》；个人系列 5 本：《本色》《至暗》《小乐子的人生智慧》《性格色彩随笔》《性格色彩禅》……

（全书完）

性格色彩书系

性格色彩经典系列：

·《跟乐嘉学性格色彩》

·《性格色彩原理》

·《性格色彩读心之道》

·《性格色彩卡牌指南》

性格色彩宝典系列：

·《性格色彩单身宝典》

·《性格色彩恋爱宝典》

·《性格色彩婚姻宝典》

·《性格色彩职场宝典》

·《性格色彩亲子宝典》

·《性格色彩销售宝典》

·《性格色彩说话宝典》

·《性格色彩教育宝典》

性格色彩应用系列：

·《性格色彩 360 行》

·《性格色彩 72 变》

性格色彩主编系列：

·《性格色彩品三国》

·《性格色彩品红楼》

·《性格色彩推理小说之原罪》

演讲系列：

·《跟乐嘉学演讲》

·《跟乐嘉学培训》

·《演说家是怎样炼成的》

个人系列：

·《本色》

·《至暗》

·《小乐子的人生智慧》

·《性格色彩随笔》

·《性格色彩禅》

性格色彩单身宝典

作者 _ 乐嘉

产品经理 _ 余小山　　技术编辑 _ 丁占旭
责任印制 _ 陈金　　出品人 _ 曹俊然

营销团队 _ 元寸　土土　　物料设计 _ 杨杨

果麦
www.guomai.cc

以 微 小 的 力 量 推 动 文 明

图书在版编目（CIP）数据

性格色彩单身宝典 / 乐嘉著. — 北京：中国华侨
出版社，2023.2
ISBN 978-7-5113-8955-8

Ⅰ. ①性… Ⅱ. ①乐… Ⅲ. ①恋爱心理学—通俗读物
Ⅳ. ①C913.1-49

中国版本图书馆CIP数据核字(2022)第251443号

性格色彩单身宝典

著　者：乐　嘉
责任编辑：刘晓静
执行印制：陈　金
经　　销：新华书店
开　　本：710mm×1000mm　1/16开　印张：15.75　字数：212千字
印　　刷：北京世纪恒宇印刷有限公司
版　　次：2023年2月第1版
印　　次：2023年2月第1次印刷
印　　数：1—16,000
书　　号：ISBN 978-7-5113-8955-8
定　　价：68.00元

中国华侨出版社　北京市朝阳区西坝河东里77号楼底商5号 邮编：100028
发 行 部：021-64386496　　　传　真：021-64386491
网　　址：www.oveaschin.com　E-mail：oveaschin@sina.com

如果发现印装质量问题，影响阅读，请与印刷厂联系调换